Hermann Knackfuss

Holbein der Jüngere. (Liebhaber-Ausgabe)

Hermann Knackfuss

Holbein der Jüngere. (Liebhaber-Ausgabe)

ISBN/EAN: 9783743307131

Hergestellt in Europa, USA, Kanada, Australien, Japan

Cover: Foto ©Andreas Hilbeck / pixelio.de

Manufactured and distributed by brebook publishing software
(www.brebook.com)

Hermann Knackfuss

Holbein der Jüngere. (Liebhaber-Ausgabe)

Liebhaber-Ausgaben

Künstler-Monographien

In Verbindung mit Andern herausgegeben

von

H. Knackfuß

XVII

Holbein der jüngere

Bielefeld und Leipzig

Verlag von Velhagen & Klasing

1896

Holbein der jüngere

Von

H. Knackfuß

―――――

Mit 151 Abbildungen von Gemälden, Zeichnungen und
Holzschnitten

Zweite Auflage

Bielefeld und Leipzig
Verlag von Velhagen & Klasing
1896

Von diesem Werke ist für Liebhaber und Freunde besonders luxuriös ausgestatteter Bücher außer der vorliegenden Ausgabe

eine numerierte Ausgabe

veranstaltet, von der nur 100 Exemplare auf Extra-Kunstdruckpapier gedruckt sind. Jedes Exemplar ist in der Presse sorgfältig numeriert (von 1—100) und in einen reichen Ganzlederband gebunden. Der Preis eines solchen Exemplars beträgt 20 M. Ein Nachdruck dieser Ausgabe, auf welche jede Buchhandlung Bestellungen annimmt, wird nicht veranstaltet.

Die Verlagshandlung.

Druck von Fischer & Wittig in Leipzig.

Bildnis eines Unbekannten. Deckfarbenmalerei.
Im königl. Kupferstichkabinett zu Berlin.

Hans Holbein der jüngere.

Man pflegt Dürer und Holbein nebeneinander zu nennen, wenn man von dem Höhepunkt der deutschen Kunst der Renaissance spricht. Aber man darf die beiden großen Meister nicht unmittelbar miteinander vergleichen wollen. Das verbietet schon der zwischen ihnen bestehende Altersunterschied von mehr als einem Vierteljahrhundert. Das ist ein Unterschied, der sehr viel ausmacht in einer Zeit, die von so starkem treibenden Leben erfüllt war, wie das Jahrhundert des Übergangs vom Mittelalter zur Neuzeit. Auch liegt die Größe der beiden Meister auf wesentlich verschiedenen Gebieten. Dürers schöpferische Gestaltungskraft hat kein anderer deutscher Maler wieder erreicht. An Erfindungsgabe, Geist, Gemüt und auch an Bildung steht Dürer weit über Holbein. Aber dieser tritt uns, was Dürer nicht thut, als ein echter Maler entgegen. Die Farbe ist ihm nicht ein bloßes Kleid seiner Gestaltungen; sie ist ihm ein Wesentliches, Innerliches; sie ist ihm Ausdrucksmittel seiner künstlerischen Empfindungen. Dürer ging aus einer Schule hervor die noch halb der Gotik angehörte, und sein Genius ließ ihn die Bahnen der neuen Kunst entdecken. Holbein dagegen war durch nichts mit der Kunst des Mittelalters verbunden. Er wurde durch seinen Vater ausgebildet, und dieser stand, als der im Jahre 1497 geborene Knabe fähig war, künstlerischen Unterricht anzunehmen und zu verarbeiten, schon ganz auf dem Boden der vollen, reifen Renaissance. Darum brauchen wir uns in Holbeins Formensprache nicht erst einzulernen; sie ist uns unmittelbar verständlich.

Nur selten ist künstlerische Begabung erblich. Hans Holbein aber besaß den Kern von dem, was ihn groß gemacht hat, als angeborenes Erbteil von seinem Vater her. Auch dieser hieß mit Vornamen Hans, und zur Unterscheidung der beiden Maler fügt die Kunstgeschichte dem gleichen Namen die Zusätze „der ältere" und „der jüngere" bei. Wenn von Hans Holbein schlechtweg die Rede ist, so ist immer der jüngere gemeint. Aber auch Hans Holbein der ältere nimmt einen sehr ehrenvollen Platz in der Geschichte der deutschen Kunst ein. Geboren zu Augsburg, man weiß nicht, in welchem Jahre, als der Sohn eines aus der Nachbargemeinde Schönefeld eingewanderten Gerbermeisters, widmete er sich, ebenso wie ein Bruder von ihm mit Namen Siegmund, der Malerei. Seine Werke sind vom Jahre 1492 oder 1493 an nachgewiesen. Man gewahrt in denselben den Einfluß der Arbeiten des großen und liebenswürdigen Meisters Martin Schongauer, dessen Kupferstiche durch die Welt gingen, in dessen vielbesuchter Werkstatt zu Colmar aber auch denkbarerweise der Augsburger Maler in der Lehre gewesen sein könnte. Weiter erkennt man darin eine entschiedene Aufnahme jener Richtung, die von den Werken der Brüder van Eyck mit ihrer liebevollen Naturnachbildung und ihrer tiefen Farbenpoesie ausgegangen war. Der Sinn für getreue Wiedergabe des in der Wirklichkeit Vorhandenen äußerte sich bei dem älteren Holbein am stärksten in der Lust und Befähigung, die Mannigfaltigkeit der menschlichen Gesichter in der Besonderheit, wie ein jedes sich zeigte, zu erfassen. Seine Kirchengemälde sind angefüllt von Persönlichkeiten, denen man es ansieht, daß sie aus der Wirklichkeit entnommen sind, daß sie die Abbilder von Menschen sind, die als Zeitgenossen des Malers gelebt haben. Von besonderem Interesse für uns ist eine Gruppe von Personen, die als Zuschauer bei der Taufe des Paulus auf einem jetzt in der Augsburger Gemäldegalerie befindlichen Bilde angebracht sind: da steht der Maler selbst mit zwei Knaben im Alter von etwa fünf und sieben Jahren, seinen Söhnen Ambrosius und Hans; jener, der ältere von beiden, durch das Schreibzeug am Gürtel als Schulknabe gekennzeichnet, scheint lebhafteren Temperaments zu sein; der kleine Hans macht den

Eindruck eines ruhigen, still beobachtenden Kindes, aus seinem rundlichen Gesicht blicken große, aufmerksame Augen. — Bildnisbestellungen waren damals in Augsburg wohl noch etwas kaum Bekanntes. So gab der Vater Holbein seiner Lust am Porträtieren dadurch Befriedigung, daß er die Personen seiner Bekanntschaft, hoch und niedrig, in sein Skizzenbuch zeichnete. Eine ganze Menge von solchen Skizzenbuchblättern hat sich erhalten, die meisten davon bewahrt das Kupferstichkabinett des Berliner Museums. Das sind Meisterwerke der Bildniskunst, sprechende Wiedergaben von Persönlichkeiten, in klarer, lebensvoller Kennzeichnung und in feiner, malerisch empfundener Ausführung mit dem Silberstift, bisweilen mit Zuhilfenahme von Rötel und Weiß, leicht und sicher hingezeichnet. Auch unter diesen Zeichnungen finden wir die Köpfe der beiden Knaben wieder. Ein im Berliner Kupferstichkabinett befindliches Blättchen, das mit der Jahreszahl 1511 bezeichnet ist, zeigt uns dieselben einander gegenübergestellt, mit beigeschriebenen Namen. Der lockige „Prosy" erscheint hier schon als ein Jüngling: „Hanns," bei dem die Altersangabe „vierzehn" beigefügt ist, zeigt unter schlicht herabgekämmtem Haar ein rundes Kindergesicht, in dem die Ähnlichkeit mit jenem früheren Bildnis noch sehr groß ist. — Der Vater Holbein wendete sich bereits im ersten Jahrzehnt des XVI. Jahrhunderts mit voller Begeisterung der neuen Kunstrichtung zu, die von Italien herübergebracht wurde. Vom Jahre 1508 an sind Gemälde von ihm vorhanden, die ganz dem Stil der „Renaissance" angehören; nicht nur in dem äußerlichen Sinne, daß in den Architekturen und Ziergebilden, welche die Bilder einfassen, „antikische" Formen an die Stelle der gotischen getreten sind; sondern auch dem inneren Wesen nach, indem die Gestalten eine vollere Rundung und Weichheit der Formen, die Gewänder einen freieren, größeren Wurf und alle Linien einen belebteren Schwung bekommen. Sein in der Münchener Pinakothek befindliches Altarwerk, der „Sebastiansaltar", gehört zu den Juwelen der deutschen Renaissancemalerei.

Ungeachtet des Ansehens, das der ältere Holbein als Maler genoß, erging es ihm in seinem Alter schlecht. Er verließ Augsburg im Jahre 1517 wegen unglücklicher

Abb. 1. Marienbild. Ölgemälde aus dem Jahre 1511.
Im Museum zu Basel.

Abb. 2. Die heilige Jungfrau Maria.
Ölbild im Museum zu Basel.
(Nach einer Originalphotographie von Braun, Clément & Cie. in
Dornach i. E. und Paris.)

Vermögensverhältnisse und starb 1524 zu Isenheim im Elsaß.

Seine Söhne, die er beide zu Nachfolgern seiner Kunst herangebildet hatte, verließen die Vaterstadt schon früher und begaben sich nach Basel. Hier ist die Thätigkeit von Hans Holbein seit 1515, diejenige von Ambrosius seit 1516 bezeugt.

Ambrosius Holbein war ein bescheidenes Talent. Es sind nur wenige Gemälde von ihm vorhanden; unter diesen nehmen zwei im Baseler Museum befindliche Knabenbildnisse die erste Stelle ein. Ferner werden einige Bildniszeichnungen von ihm in der nämlichen Sammlung und in der Albertina zu Wien aufbewahrt. Dazu kommt eine Anzahl in Holzschnitt vervielfältigter Zeichnungen, der Mehrzahl nach reich verzierte und mit figürlichen Darstellungen ausgestattete Buchtitel. Ambrosius Holbein muß früh gestorben sein. Seine Aufnahme in die Baseler Malerzunft wird im Jahre 1517 beurkundet. Nach 1519 aber gibt kein Werk und keine Urkunde mehr Zeugnis von seinem Dasein.

Hans Holbein lenkte gleich in der ersten Zeit seiner Anwesenheit in Basel durch kecke und bedeutende Arbeiten die Aufmerksamkeit auf sich.

Das Museum zu Basel besitzt als das älteste bekannte Werk von der Hand des jüngeren Hans Holbein ein kleines Marienbild, welches mit der Jahreszahl 1514 bezeichnet ist (Abb. 1). Dieses Bildchen ist in einem Dorfe in der Nähe von Konstanz aufgefunden worden, und die Vermutung scheint begründet, daß der junge Maler dasselbe während seiner Wanderschaft von Augsburg nach Basel angefertigt habe. Es ist ein kindliches, aber ansprechendes Werk. Die Jungfrau Maria ist sitzend, das Jesuskind auf dem Schoße haltend, dargestellt, als Kniestück; sie trägt ein weißes Kleid und schwarzen Rock, das sein gefältelte Kleid ist mit Goldstickereien verziert; Gesicht und Hände und das Kinderkörperchen sind so licht gehalten, daß ihre Farbe dem Weißen nahe kommt. Dieses Ganze von anspruchslosen Tönen hebt sich von einem dunkelroten Hintergrund ab, der aber nicht unmittelbar das Weiß des Kleides und das farblose Fleisch berührt, sondern durch die Goldfarbe der Krone auf Marias Haupt und des über ihre Schultern fließenden Haares davon getrennt wird. Um das Bildchen ist ein gemalter Rahmen herumgeführt, wie ein Aufbau aus weißem Stein, in dem sich kleine Englein, durch schwarze Füllungen in dem Architekturrahmen hervorgehoben, bewegen; sie tragen die Leidenswerkzeuge Christi, Musikgeräte und Inschrifttäfelchen. Aus dem oberen Querteil dieses Rahmens hängt ein grünes Lorbeergewinde in den dunkelroten Grund herab, der außerdem noch durch zwei Wappen belebt wird. Die Formen des Rahmens gehören vollständig dem Renaissancestil an. Aus dem reizvollen Zusammenklang, der in die wenigen Farben gebracht ist, spricht schon eine große Feinheit des Farbengefühls.

Unter den von Holbeins Freund Boni-

facius Amerbach gesam=
melten Werken von dessen
Hand, die den Grundstock
des Basler Museums aus=
machen, werden in dem
ursprünglichen Verzeichnis
mehrere Bilder ausdrück=
lich als früheste Arbeiten des
Malers bezeichnet. Diese
müssen also dem ersten
Jahre seines Aufenthalts
in Basel, 1515, ange=
hören. Es sind zwei
Köpfe von Heiligen und
einige Bilder aus der
Leidensgeschichte Christi.
Die beiden Heiligen, eine
Jungfrau mit Krone und
losem Haar (Abb. 2) und
ein bartloser junger Mann
mit lockigen Haaren (Abb. 3),
stellen wohl Maria und Jo=
hannes den Evangelisten
vor. Sie haben goldene
Heiligenscheine und hell=
blaue Hintergründe. Die
Töne sind auch hier gut zu=
sammengestimmt. In Form
und Ausdruck aber verraten

Abb. 3. Der heilige Johannes der Evangelist.
Elbild im Museum zu Basel.
(Nach einer Originalphotographie von Braun, Clément & Cie. in Dornach
i. E. und Paris.)

die sehr fleißig gemalten Köpfe noch nicht
viel von der hohen Begabung ihres Urhebers.

In höherem Maße sind die Passions=
bilder geeignet, unsere Aufmerksamkeit zu
fesseln. Die aus der Amerbachschen Samm=
lung stammenden Stücke, denen das alte
Verzeichnis jenen Vermerk bezüglich ihrer
Entstehungszeit beigegeben hat, stellen das
letzte Abendmahl und die Geißelung Christi
dar. Zu diesen sind durch spätere Erwer=
bung noch drei andere in das Basler Mu=
seum gelangt, welche augenscheinlich Bestand=
teile der nämlichen, ursprünglich zweifellos
noch größer gewesenen Folge bilden: das Ge=
bet am Ölberg, die Gefangennahme Christi
und die Händewaschung des Pilatus. Die
Bilder sind nicht auf Holztafeln, sondern auf
Leinwand gemalt. Da dieses damals in
Deutschland noch ganz ungebräuchlich war
bei Gemälden, auf welche man Wert legte,
so ist mit Grund die Vermutung ausge=
sprochen worden, dieselben seien zu einem
vorübergehenden Zweck, etwa zur Ausschmü=
kung einer Kirche in der Karwoche gemalt
worden. Daraus würde sich auch die derbe

und eilfertige Art der Ausführung dieser
Bilder erklären. Auch glaubt man, da die
Bilder auf den ersten Anblick nicht den Ein=
druck von Werken Holbeins machen, an=
nehmen zu müssen, daß er dieselben in der
Werkstatt eines älteren Malers als dessen
Gehilfe ausgeführt habe. Nach dieser An=
nahme würden die Kompositionen der Bilder
wahrscheinlich nicht von ihm, sondern von
dem Meister der Werkstatt herrühren. Aber
die Kompositionen sind bedeutender, als man
sie von einem der älteren damaligen Basler
Maler erwarten dürfte, und in zwei Dingen
kommen die besonderen Begabungen Holbeins
deutlich zum Ausspruch: in dem künstleri=
schen Wert der Farbenstimmungen und in der
Lebendigkeit und Natürlichkeit der Gesichter;
der Gesichtsausdruck ist überall außerordent=
lich sprechend, und wenn er hier und da an
die Grenze der Übertreibung streift, so ist
das leicht erklärlich in Bildern, bei denen
die derbe Art der Ausführung kein Ein=
gehen in Feinheiten zuließ.

Die Darstellung des letzten Abendmahls
(Abb. 4) verlegt den Vorgang in einen

Abb. 1. Das letzte Abendmahl. Ölgemälde auf Leinwand.
Im Museum zu Basel.

Raum von spielender, bunter Renaissancearchitektur — auch diese Architektur ist echt
Holbeinisch —; darin öffnen sich Durchblicke
auf die dunkelblaue Luft. Die Tafel ist auf
zwei rechtwinklig aneinander stoßenden Tischen
gedeckt. An der Spitze des Winkels sitzt
Christus so, daß man ihn von der Seite sieht,
und reicht dem gelb gekleideten Judas das
Brot über den Tisch herüber. Das Ganze
hat eine sehr reiche Farbenwirkung. In einer
Art von Laube, die man im Hintergrund sieht,
ist als Nebendarstellung die Fußwaschung des
Petrus zur Anschauung gebracht.   Das Gebet am Ölberg ist in einem düsteren Nacht-
stück geschildert. Christus wirft die Arme
in heftiger Bewegung empor, wie es Dürer
in seiner wenige Jahre vorher erschienenen
Kupferstichpassion vorgebildet hatte.   Der

Engel kommt, in kühner Verkürzung dargestellt, köpflings vom Himmel herab; er ist
in ein blaßrotes Renaissancekostüm gekleidet.
Die Gewänder des Heilandes und des im
Vordergrund schlafenden Petrus klingen in
schwärzlichen Tönen mit der allgemeinen
Nachtstimmung zusammen. Am Horizont
flimmert ein rötliches Morgenlicht im Ge-
wölk. Von den Fackeln der Männer, welche
im Hintergrund das Gartenthor durchschrei-
ten, geht heller Schein aus. Wenn dieses
Bild im ganzen weniger ansprechend wirkt,
als die übrigen, so macht dagegen die Schilderung des folgenden Vorgangs, der Gefangennahme Christi, einen wahrhaft großartigen Eindruck. Eine wilde Bewegung
geht durch das Bild, in dem, wie üblich,
die drei Momente des Judaskusses, des

Ergreifens des Verratenen und des Schwert-
hiebes des Petrus zusammengefaßt sind.
Die eigentümliche Mächtigkeit des Farben-
eindrucks beruht hauptsächlich auf der Wirkung, in welcher der gelbe Rock des Judas
und das graue Eisen der Rüstungen und
Waffen der Häscher zu einander stehen; das
Fackellicht ist nicht zu künstlichen Beleuchtungswirkungen benutzt. — In dem Pilatus-
bilde ist die linke Hälfte des Gemäldes, wo
der Landpfleger in dunkelolivengrünem Rock
mit Hermelinpelz in einer Nische aus ver-
schiedenfarbigem Marmor thront und sich
die Hände in einer goldenen Schüssel wäscht,
die ihm ein Diener in dunkelfarbiger Kleidung hinhält, während ein anderer Diener,
in einen hellgelben Rock mit schwarzem
Sammetbesatz gekleidet, aus goldener Kanne
eingießt, zu großer Schönheit der Farbenstimmung durchgebildet. Rechts von dieser

Abb. 5. Die Geißelung. Ölgemälde auf Leinwand.
Im Museum zu Basel.

Gruppe sieht man den Heiland, der von einer Schergenschar zur Thür hinausgeschleppt wird: die am meisten sprechende nis gezeichnet ist, ist mit einem Strick um den Leib an eine weiße Säule gebunden, mit einem anderen Strick sind seine Hände hoch

Abb. 6. Bildnis eines Unbekannten. Ölgemälde von 1515.
Im Großherzogl. Museum zu Darmstadt.

Farbe gibt hier der dunkelblaue Christusrock. — Die Geißelung ist in einer gewaltig eindrucksvollen Darstellung mit wahrer Grausamkeit gemalt (Abb. 5). Der entkleidete Christus, dessen Körper mit bedeutender Kenntnis gezogen; unter der Gewalt der Schmerzen kreuzt er seine Beine krampfhaft übereinander. Die helle Gestalt und die bunt gekleideten grimmigen Henker heben sich von einer beschatteten grauen Steinwand ab; in der Wand sieht man eine Thüröffnung, durch die Pilatus dem gräßlichen Schauspiel zusieht.

Beweglichen Geistes vermochte Holbein, der hier mit so eindringlicher Vertiefung das herbste Leiden schilderte, sich ebenso ausdrucksvoll auf dem Gebiete lustigen Humors zu bewegen. Davon gibt eine in der Stadtbibliothek zu Zürich aufbewahrte Arbeit die erste Probe, die in der ersten Hälfte des Jahres 1515 entstanden sein muß, da der Besteller derselben, Hans Ber, im Sommer dieses Jahres als Fähnrich mit den Basler Truppen ausrückte und aus der zweitägigen blutigen Schlacht bei Marignano nicht heimkehrte. Es ist eine mit Verbildlichungen volkstümlicher Späße bemalte hölzerne Tischplatte. Die Hauptdarstellungen zeigen einen eingeschlafe-

schon als Bildnismaler auf. Das Museum zu Darmstadt bewahrt das halblebensgroße Brustbild eines jungen Mannes, welches mit dieser Jahreszahl und den Buchstaben H. H. bezeichnet ist. Der unbekannte Jüngling ist in scharlachrotes Tuch gekleidet, eine Mütze aus demselben Stoff sitzt auf seinem blonden Haar; den Hintergrund bildet ein lichtblauer Luftton. In einem kühnen Wagnis hat der junge Maler hier seine Farbenkunst auf die Probe gestellt; und es ist ihm wohl gelungen (Abb. 6).

Eine andere, ganz eigenartige Arbeit Holbeins aus dem nämlichen Jahre lehrt uns ihn als einen Meister schnell fertiger Erfindung kennen. Das sind seine Randzeichnungen zu dem „Lob der Narrheit" des

Abb. 7. Schlußbild zu Erasmus' „Lob der Narrheit". (Die Narrheit steigt vom Katheder herunter.) Federzeichnung in dem Handexemplar des Erasmus, im Museum zu Basel.

nen Händler, dessen Kram von Affen geplündert wird, und den „Niemand," der an allem, was irgendwo Verkehrtes angerichtet worden ist, schuld sein soll und der sich doch nicht verteidigen kann. Um diese Hauptbilder zieht sich ein Rahmen, in dem allerlei Kurzweil dargestellt ist: Kampfspiele, Jagden, Fischfang, Bad, Schnauferei und Mädchenfang. Dazu sind verschiedene kleine Dinge, ein Brief, eine Brille, Schreibgeräte und dergleichen, so auf den Tisch gemalt, als ob sie wirklich dort lägen. Diese Zuthaten bezwecken den Scherz der Augentäuschung durch die Körperhaftigkeit der Malerei. Noch im XVII. Jahrhundert war diese Tischplatte ein weit berühmtes Werk; später in Vergessenheit geraten, wurde sie erst im Jahre 1871 wieder entdeckt, leider in schwer beschädigtem Zustand.

Im Jahre 1515 trat Holbein auch

Erasmus von Rotterdam. Erasmus war im Jahr 1513 zum erstenmal nach Basel gekommen, um mit dem berühmten Buchdrucker Johannes Froben über die Veröffentlichung seiner Sammlung von Sprichwörtern und seiner Ausgabe des Neuen Testaments zu verhandeln. Seitdem verweilte der hochgefeierte Gelehrte alljährlich längere Zeit in Basel. Bei Froben erschien auch im Jahre 1514 das in lateinischer Sprache, aber in volkstümlichem Sinne geschriebene scharf satirische Buch „Encomion moriae" (Lob der Narrheit). In einem Exemplare dieses Buches, welches für den eigenen Gebrauch des Verfassers bestimmt war, zeichnete Holbein auf die etwa fünf Centimeter breiten Ränder 82 Bildchen. Er führte diese Arbeit, wie in einem auf dem Titelblatt eingetragenen Vermerk bekundet wird, in der Zeit von zehn Tagen aus, damit Erasmus sich daran ergötze. Aus

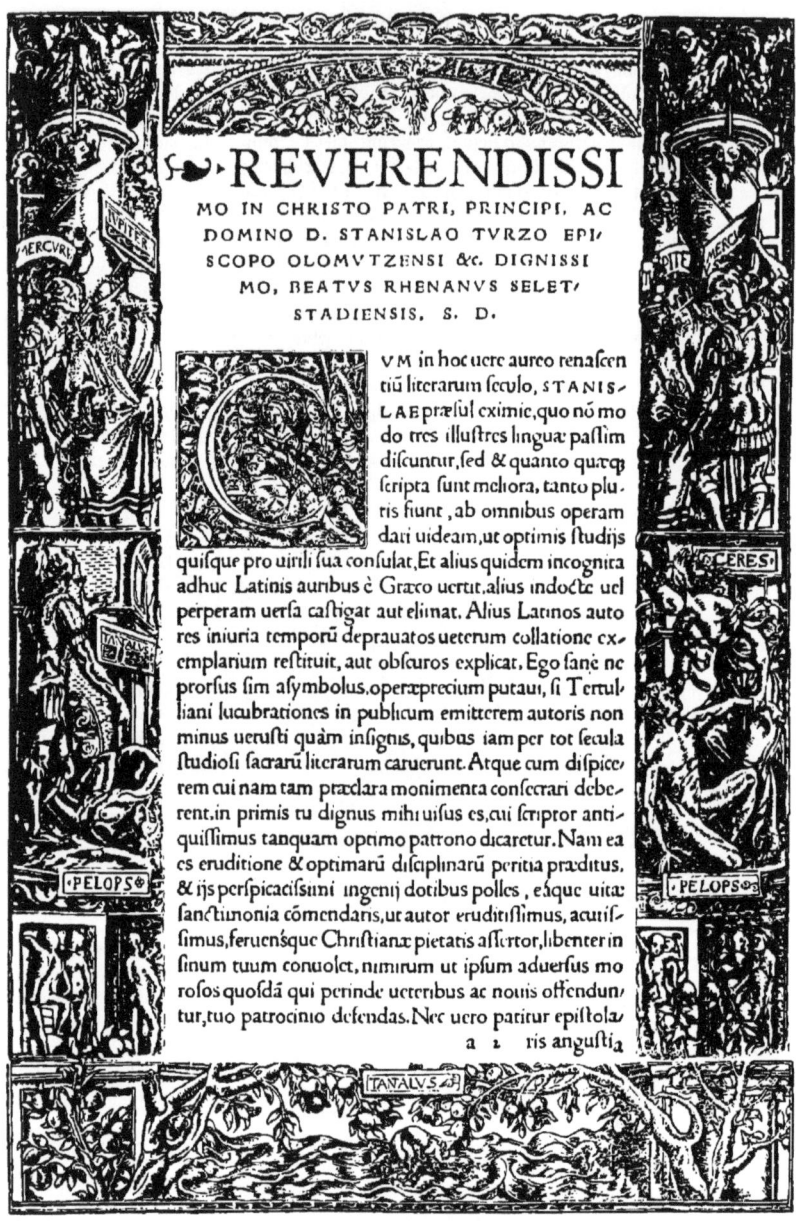

REVERENDISSI
MO IN CHRISTO PATRI, PRINCIPI, AC
DOMINO D. STANISLAO TVRZO EPI/
SCOPO OLOMVTZENSI &c. DIGNISSI
MO, BEATVS RHENANVS SELET/
STADIENSIS. S. D.

VM in hoc uere aureo renafcen
tiũ literarum feculo, STANIS/
LAE præful eximie, quo nó mo
do tres illuftres linguæ paſſim
difcuntur, fed & quanto quæqȝ
fcripta funt meliora, tanto plu/
ris fiunt, ab omnibus operam
dati uideam, ut optimis ftudijs
quifque pro uirili fua confulat, Et alius quidem incognita
adhuc Latinis auribus è Græco uertit, alius indocte uel
perperam uerfa caftigat aut elimat. Alius Latinos auto
res iniuria temporũ deprauatos ueterum collatione ex/
emplarium reftituit, aut obfcuros explicat. Ego fané ne
prorfus fim afymbolus, operæprecium putaui, fi Tertul/
liani lucubrationes in publicum emitterem autoris non
minus uerufti quàm infignis, quibus iam per tot fecula
ftudiofi facrarũ literarum caruerunt. Atque cum difpice/
rem cui nam tam præclara monimenta confecrari debe/
rent, in primis tu dignus mihi uifus es, cui fcriptor anti/
quiſſimus tanquam optimo patrono dicaretur. Nam ea
es eruditione & optimarũ difciplinarũ peritia præditus,
& ijs perfpicaciſſimi ingenij dotibus polles, eáque uitæ
fanctimonia cómendaris, ut autor eruditiſſimus, acutif/
fimus, feruenſque Chriftianæ pietatis aſſertor, libenter in
finum tuum conuolet, nimirum ut ipfum aduerfus mo
rofos quofdã qui perinde ueteribus ac nouis offendun/
tur, tuo patrocinio defendas. Nec uero patitur epiftolæ
a ɪ ris anguftia

einer anderen Notiz erfahren wir, daß diese Illustrationen gegen das Ende des Jahres 1515 angefertigt wurden. Unbekannt bleibt, ob dieselben ihre Entstehung einem Wunsche des Erasmus selbst verdanken oder ob etwa ein Freund sie als Geschenk für diesen bestellte. Das kostbare Buch befindet sich jetzt unter den Holbeinschätzen des Baseler Museums. Die Zeichnungen, mit der Feder in flotten, sicheren Strichen ohne lange Überlegung hingeworfen, illustrieren mit Witz und gesundem Humor die nebenstehenden Textstellen oder die erläuternden Randglossen. Die Einleitung bildet eine Darstellung der „Moria" (Narrheit), die in Gestalt eines mit der Schellenkappe bekleideten jungen Weibes den Lehrstuhl besteigt, um ihr eigenes Lob zu verkünden. In der mannigfaltigsten Weise hat dann der Zeichner aus dem Text und den Randbemerkungen herausgezogen, was ihm gerade zur Verbildlichung geeignet erschien. Seine Einfälle erfaßten nicht immer den Kern der Sache, sondern häufig gab ihm eine bloß zufällig vorkommende Redensart den Gedanken zu einer Zeichnung ein; so hat er zum Beispiel zu einer Stelle, wo der sprichwörtliche Ausdruck „von einer Sache so viel verstehen, wie der Esel vom Lautenspiel" gebraucht wird, einen Esel gezeichnet, der mit dem köstlichsten Ausdruck einem ritterlichen Harfner gegenübersteht und dessen Spiel mit seiner schönen Stimme begleitet. Die in den Glossen enthaltenen Erklärungen zu den im Text vorkommenden mythologischen Anspielungen haben ihn ganz besonders gereizt zu mutwillig launigen Darstellungen, welche die Göttergeschichten ins Lächerliche ziehen. Eine sprechende Probe von der Lebhaftigkeit des Geistes, mit welcher Holbein Bildstoffe in den Worten fand, gibt die Zeichnung zu einer Stelle, wo der mittelalterliche Theologe Nikolaus de Lyra erwähnt wird; hier hat er den bloßen Namen genügt, um ihm einen Bildgedanken einzugeben: der fromme und gelehrte Herr sitzt mit einem Leierkasten neben seinem Pult. Einmal

Abb. 9. Das Bücherzeichen des Johannes Froben. Holzschnitt.

nennt Erasmus seinen eigenen Namen im Text. Da hat Holbein auch ihn in seiner Studierstube sitzend an den Rand gezeichnet und den Namen Erasmus groß dazu geschrieben. Das Bildchen enthält nichts Boshaftes, aber der Gelehrte hat sich doch an dem jungen Künstler für den Scherz, das Abbild seiner eigenen Person unter die Witzbildchen gebracht zu haben, gerächt: auf der folgenden Seite sieht bei der Zeichnung eines feisten Schwelgers, der bei Weib und Wein die Lehren des Epikurus befolgt, der Name Holbein von der Hand des Erasmus beigeschrieben. Man braucht aus diesem Scherz gegen Scherz nicht gleich zu folgern, daß der junge Holbein ein besonderer Wüstling gewesen wäre: aber das folgt daraus, daß zwischen den beiden Männern, von denen der eine auf der Höhe des Ruhmes, der andere erst an der Schwelle seiner Laufbahn sich befand, schon ein freundschaftliches Verhältnis bestand, das dem jungen Künstler zur großen

Ehre gereichen mußte. Die größte Mehrzahl der Randzeichnungen beschäftigt sich natürlich mit den Thorheiten selbst, die den Menschen aller Stände anhaften, und in diesen bildlichen Verspottungen menschlichen Dünkels erweist der Künstler sich als dem Verfasser der Satire ebenbürtig in Bezug auf treffende Darstellung. Das Schlußbild zeigt wieder die Beschäftigung, indem er ihm Holzzeichnungen zur Druckausstattung von Büchern anfertigen ließ. Eine mit Hans Holbeins Namen bezeichnete Titeleinfassung, bestehend aus einem Renaissancegehäuse, das von Putten belebt ist, und auf dessen Sockel Tritonen wie in Relief dargestellt sind, kommt in den Ausgaben verschiedener Bücher aus

Wer Jemandt hie der gern wett lernen Dütsch schriben und rar uß dem aller kürtzisten grundt den jeman erdencken kan Do durch ein Jeder der vor nit ein buchstaben kan der mag kürtzlich und bald begriffen ein grundt do durch er mag von jm selbs lernen sin schuld uff schribe und läsen Vnd wer es nit gelernen kan so ungeschickt were Den will ich um nüt und vergeben glert haben und gantz nüt von jm zu lon nemen er sig wer er well burger oder hantwercks gesellen frowen und junckfrowen wer sin bedarff der kum har jn der wirt druwlich glert um ein zimlichen lon · Aber die junge knabe und meitlin nach den konualten wie gewonheit ist 1.5.16

Abb. 10. Das Aushängeschild eines Schulmeisters. Ölmalerei von 1516.
Im Museum zu Basel.

Moria selbst, wie sie, nachdem sie den Hörern Lebewohl gesagt, die ihr mit den verschiedensten Gesichtern nachsehen, vom Lehrstuhl herabsteigt (Abb. 7). Das Überraschendste an all diesen kleinen flüchtigen Zeichnungen ist neben ihrer frischen Munterkeit die Schärfe der mit so wenigen Strichen gegebenen Charakteristik.

Die Bekanntschaft mit Erasmus verdankte Holbein ohne Zweifel dem Buchdrucker Froben. Dieser berühmte Verleger gab dem jungen Künstler bald nach dessen Ankunft in Basel dem Jahre 1515 und der Folgezeit vor. Dann folgen von 1516 an verschiedene Umrahmungen, in denen Figurendarstellungen die Hauptsache sind; da werden die Geschichten von Mucius Scävola, von Marcus Curtius, von Kleopatra, die Sage von Tantalus und Pelops (Abb. 8) und andere klassische Erzählungen, die in jenem Zeitalter des Humanismus wieder neues Leben bekommen hatten, dem Beschauer vorgeführt. Es ist bemerkenswert, daß Holbein hier schon anstatt der Tracht seiner Zeit antikes Kostüm

angewendet hat, dessen Kenntnis die Kupferstiche des Mantegna ihm zutrugen. Dazu
kommt ein Titelrahmen mit der vom Mittelalter her beliebten Verbildlichung von der
Weibermacht; Paris, Pyramus, David und
Salomon sind als Beispiele der dem Weibe
unterliegenden Männer vorgeführt. Außer
ganzen Titeleinfassungen zeichnete Holbein

auf einem Schild angebracht, der von Putten
in einem reichen Renaissancegehäuse gehalten
wird; leider wird das hübsch erfundene
Blättchen durch die mangelhafte Schnittausführung verunstaltet. Überhaupt ist der
Schnitt dieser frühen Holzzeichnungen Holbeins recht unvollkommen; der Strich der
Künstlerhand erscheint manchmal sehr ent-

Abb. 11. Das Aushängeschild eines Schulmeisters. Ölmalerei von 1516.
Im Museum zu Basel.

auch einzelne Zierleisten, figurengeschmückte
Alphabete und einzelne Buchstaben für den
Buchdruck; ferner die auf dem Titel oder am
Schluß des Buches anzubringenden Verlags-
zeichen (Signete), nicht nur des Froben,
sondern auch anderer Drucker. Das Ver-
lagszeichen des Johannes Froben war ein
von zwei Händen gehaltener Merkurstab,
auf dessen Knopf zwischen den Köpfen der
beiden Schlangen eine Taube sitzt.
Auf dem großen Bücherzeichen (Ex-libris)
Frobens (Abb. 9) sehen wir dieses Signet

stellt. Bei mehreren der Blätter, die keine
Namensbezeichnung tragen, bleibt es zweifelhaft, ob Hans Holbein oder sein auf demselben Gebiete thätiger Bruder Ambrosius
der Urheber ist. Das Frobensche Signet
hat Hans Holbein auch einmal in größerem
Maßstab, sozusagen als Bild, ausgeführt, in
Wasserfarbenmalerei auf Leinwand. Dieses
Blatt, das sich in der Handzeichnungen-
sammlung des Baseler Museums befindet,
ist ein Muster guten Geschmacks: in klarer,
einfacher Zeichnung, die mit wenigen Tönen

angelegt ist, erzielt es die trefflichste dekorative Wirkung. Der Stab mit Schlangen und Tauben schwebt, von Händen, deren Ursprung in Wolken verschwindet, gehalten, hell vor einem dunkelblauen Grund, unter einer Bogenarchitektur mit kurzen Säulen, deren Kapitelle die korinthische Form haben und deren Schäfte, dunkelrot mit ausgesparten Lichtern, den Eindruck glänzend polierten Marmors machen.

Der junge Maler nahm jeden Auftrag an, der ihm geboten wurde. So malte er im Jahre 1516 das Aushängeschild eines Schulmeisters (Abb. 10 und 11). Es war eine Tafel, die, am Schulhause herausgehängt, auf beiden Seiten zu sehen war; jede Seite bekam daher Aufschrift und Bild. Jetzt befindet sich die Tafel, in ihre beiden Seitenhälften gespalten, im Museum zu Basel. Die Aufschrift, die, auf beiden Seiten gleichlautend, jedem, der gern deutsch schreiben und lesen lernen will, er sei Bürger oder Handwerksgesell, Frau oder Jungfrau, verspricht, ihm dieses in kürzester Zeit gründlich beizubringen, unter der Zusage, von demjenigen, bei dem die Unterweisung vergeblich sein sollte, keinen Lohn nehmen zu wollen, und die für die jungen Knaben und Mägdlein die übliche Schulzeit ansagt, nimmt in ihrer Ausführlichkeit den größten Raum der Tafel ein. Für die bildliche Belebung dieser Ansprache an die Vorübergehenden blieb je ein länglicher niedriger Streifen frei. Holbein hat hier, begreiflicherweise ohne künstlerischen Kraftaufwand, aber doch mit malerischer Lust und mit heiterer Laune, zwei niedliche Bildchen gemalt, in denen er einerseits den Unterricht der Kinder, andererseits denjenigen der Erwachsenen schildert. Dort sieht man in ein kahles Zimmer mit Bretterboden und grauen getünchten Wänden. An der Langwand steht unter den Butzenscheibenfenstern eine ganz einfache Bank, eine zweite Bank steht genau in der Mitte des Raumes; links und rechts befinden sich je ein Pult. An dem einen Pult sitzt auf einer

Kiste der Schulmeister, gelb und rot gekleidet, mit einer roten Mütze auf dem Kopf: er berührt einen lesenden Knaben in grünem Röck= chen freundschaftlich mit der Rute. Gegenüber sitzt die Frau Schulmeisterin in rotem Kleid und weißer Haube auf einem Stuhl, mit dem Unterweisen eines blau und grün gekleideten Mädchens beschäftigt. In der Mitte sitzen auf der Bank und auf einem da= neben stehenden Schemel zwei Knaben, die für sich lesen, der eine in blauem Anzug, der andere in gel= bem mit roter Mütze. Das Bildchen hat in seiner großen Anspruchslosigkeit einen Reiz durch seine voll= kommene Naivetät; der Ausdruck, nicht nur in den Gesichtern, sondern auch in den Bewegungen, ist ganz vortrefflich. Das andere Bildchen besitzt noch mehr malerischen Reiz. Die na= turgemäße Beleuchtung mit dem durch die Fenster von hinten auf die Figuren fallenden Licht und den nach vorn sich ausbreitenden Schlagschatten ist mit Ent= schiedenheit angegeben. Die Stube ist ähnlich wie dort, wirkt aber doch etwas wohnlicher. An der Wand sieht man eine Vorrichtung zum Waschen mit einem sauberen Handtuch. In der Mitte steht ein Tisch mit Stühlen. Da sitzt der Schulmeister, den man hier gerade von vorn sieht — zweifellos ist er Porträt —, in der nämlichen Kleidung wie dort, zwischen zwei erwachsenen jungen Männern, die nach der Landsknechtsmode gekleidet sind, der eine bunt in Rot und Gelb, der andere grün. Der Gesichtsausdruck ist wieder meisterhaft, namentlich wirkt die Miene des Grünen, der sich mit der größten Mühe anstrengt zu fassen, was der Lehrer ihm sagt, unbeschreib= lich komisch.

Neben solchen bescheidenen Arbeiten von

Abb. 13. Dorothea Manneugießer, Gattin des Bürgermeisters Jakob Meyer. Zeichnung in Silberstift und Rotel. Im Museum zu Basel. (Nach einer Originalphotographie von Braun, Clément & Cie. in Dornach i. E. und Paris.)

flüchtiger Ausführung malte Holbein aber auch Bildnisse, in denen er den höchsten künstlerischen Ansprüchen Genüge leistete durch eine meisterhafte Bethätigung der Kunst, aus dem naturgetreuen Abbild eines Menschen ein wirkliches Bild, ein in Formen und Farben in sich abgeschlossenes harmonisches Kunstwerk, zu gestalten, und durch die vollendetste technische Durchbildung. In eben dem Jahre 1516 gab der neuerwählte Bürgermeister von Basel, Jakob Meyer, ihm den Auftrag, ihn und seine Gattin zu malen. Das Basler Museum besitzt nicht nur die in einem Rahmen vereinigten Bildnisse des Ehepaares, sondern auch die Vorarbeiten, welche Holbein zu

denselben gemacht
hat. Diese letzteren
bestehen in Zeich=
nungen der Köpfe,
die in der nämlichen
Größe, die sie im
Gemälde bekommen
sollten, halb lebens=
groß, mit der äußer=
sten Sorgfalt und
Feinheit ausgeführt
sind. Mit haar=
scharfen Linien des
Silberstifts, die so
klar und bestimmt
dastehen wie Feder=
striche, hat der Künst=
ler die Umrisse fest=
gestellt; in leichter,
zarter Modellierung
hat er mit demselben
Stift die Rundung
der Formen ange=
geben und dabei die
Verschiedenartig=
keiten der Haut in
ihrer Lage über
festen und über
weichen Teilen tref=
fend anzugeben ge=
wußt; mit Rötel
hat er dann die
röteren Stellen der
Haut bezeichnet. Na=
mentlich die Zeich=

Abb. 11. Der Bürgermeister Jakob Meyer. Ölgemälde von 1516.
Im Museum zu Basel.
(Nach einer Originalphotographie von Braun, Clément & Cie. in Dornach i. E.
und Paris.)

nung des Männerkopfes ist so vollendet in
der Durchbildung, daß diese Vorarbeit zu
einem Gemälde den Wert eines selbständigen
Kunstwerks in sich trägt. Jakob Meyer, mit
dem Beinamen zum Hasen — solche unter=
scheidende Beinamen wurden von den Wahr=
zeichen der Häuser der Betreffenden her=
geleitet —, zeigt sich uns als eine ehren=
feste Persönlichkeit, in deren Zügen sich
Milde und Entschiedenheit vereinigen. So
können wir uns den Mann wohl vorstellen,
der, nachdem er mehrere Feldzüge in Italien
mitgemacht hatte, als der erste von bürger=
licher Herkunft an die Spitze der Regierung
von Basel berufen wurde und in einer Reihe
aneinander folgender Amtsjahre tief ein=
greifende Neuerungen in der Verfassung der
Stadt mit Umsicht und Thatkraft durchführte
(Abb. 12). Die Gattin des Bürgermeisters,

Dorothea Kannegießer, erscheint jung und
hübsch; sie war Jakob Meyers erst vor
wenigen Jahren heimgeführte zweite Frau
(Abb. 13). — Nachdem Holbein solche Zeich=
nungen angefertigt hatte, in denen Form
und Ausdruck schon vollkommen fertig fest=
gelegt waren, konnte er bei der Aus=
führung in der Malerei sein ganzes Augen=
merk auf die Farbe richten. Und auch um
der Farbe willen brauchte er seine Modelle
nicht durch viele und lange Sitzungen zu
ermüden. Auf der Bildniszeichnung Jakob
Meyers sehen wir oben links in der Ecke
einige schriftliche Bemerkungen von der Hand
Holbeins: das sind Notizen über die Farbe,
z. B. „Brauen heller denn das Haar.“
Wir ersehen daraus, daß der Künstler die
Absicht hatte und zweifellos auch durch=
führte, beim Herstellen der Gemälde, im

Abb. 15. Die Gattin des Bürgermeiſters Jakob Meyer.
Ölgemälde von 1516. Im Muſeum zu Baſel.
Nach einer Originalphotographie von Braun, Clément & Cie. in Dornach i. E.
und Paris.

Vertrauen auf ſein erforderlichenfalls durch
ſolche Notizen unterſtütztes Farbengedächt
nis, die Zeichnungen ſo viel wie möglich
aus dem Kopf in Malerei zu überſetzen.
Dieſes Verfahren hat Holbein zeitlebens
beibehalten. In die Art und Weiſe, wie
er beim Malen zu Werke ging, gewährt
ein in den erſten Anfängen ſtehen gebliebenes
Damenporträt im Baſeler Muſeum einen
intereſſanten Einblick; da ſind innerhalb
der genauen Zeichnung alle Farben mit ganz
platten Tönen angelegt, nur das Fleiſch iſt
von vornherein ein wenig modelliert. —
Das gemalte Doppelbildnis des Meyerſchen
Ehepaares (Abb. 14 und 15) iſt ein ausge
zeichnetes Meiſterwerk. Von ſeinem Vater
hatte Holbein die Luſt überkommen, Archi
turen in dem neuen italieniſchen Geſchmack,
im Renaiſſanceſtil, zu erfinden. So hat er

auch die beiden Bruſt
bilder unter eine
ſolche, ſeiner Phan
taſie entſprungene
Architektur geſetzt.
Dieſelbe iſt als eine
in beiden Bildhäl
ten durchgehende ge
dacht. Sie bringt
Abwechſelung in For
men und Farben in
die Hintergründe;
der graue Stein iſt
buntfarbig belebt
durch braunroteMar
morſäulchen, gold
farbige Verzierungen
und dunkelblaue Tö
nungen in den Kaſ
ſetten der Wölbung.
Bei dem Bilde des
Mannes bleibt ein
ſchmaler, bei dem
jenigen der Frau ein
breiter Durchblick in
die lichtblaue Luft
frei. Jakob Meyer
trägt einen ſchwarzen
Rock, ein weißes
Hemd mit goldfar
biger Stickerei am
Börtchen und eine
ſcharlachrote Mütze
auf dem krauſen
braunen Haar: das

Rot und das Luftblau ſtehen ganz ähnlich
zuſammen wie in dem das Jahr zuvor ge
malten Bildnis im Darmſtädter Muſeum.
Das Bild der Frau iſt womöglich noch
prächtiger in der Farbe, als das des
Mannes. Kopf und Hals heben ſich in
den lichten Fleiſchtönen einer Blondine,
deren kühle Farbe durch eine warme Tönung
des mit goldfarbigen Verzierungen durch
wirkten Weißzeugs von Haube und Hemd
noch gehoben wird, von der blauen Luft
ab; ein paar ſchmale Kettchen auf dem
weißen Hals und glitzernder Metallſchmuck
am Saum des Hemdes beleben die Hellig
keitsmaſſe, die unten kräftig abgeſtoſſen
wird durch den breiten ſchwarzſammtenen
Beſatz des ſcharlachroten Kleides.

Ein mit der Jahreszahl 1517 bezeich
netes kleines Bild im Baſeler Muſeum

Abb. 16.   Adam und Eva.   Ölmalerei auf Papier, von 1517.
Im Museum zu Basel.

zeigt Adam und Eva in Brustbildern (Abb. 16).
Es ist eine mit Ölfarbe auf Papier gemalte
fleißige Naturstudie, deren malerischer Reiz
in der Verschiedenheit besteht, mit der sich
helleres und dunkleres Fleisch — Adam ist
brünett, Eva blond — nebeneinander vom
schwarzen Grunde abheben.

Wie eingehend Holbein die Natur auch
in Kleinigkeiten studierte, davon legen ein
paar niedliche Blättchen unter den Handzeichnungen des Basler Museums Zeugnis
ab. Auf dem einen sehen wir ein Lamm
und den Kopf eines Lammes, mit entzücken-
der Feinheit gezeichnet und mit ganz leichter
Anwendung von Wasserfarben zu völlig
malerischer Wirkung gebracht (Abb. 17). Auf
dem anderen ist mit der nämlichen Sorgfalt
eine ausgespannte Fledermaus gezeichnet: die
durch die Flughäute durchschimmernden Adern
sind mit roter Wasserfarbe nachgezogen, und
hierdurch und durch leichtes Anlegen einiger
anderen Stellen mit dem rötlichen Ton ist

in überraschender Weise ein farbiger und
malerischer Eindruck erzielt (Abb. 18).

Im Jahre 1517 begab sich Holbein nach
Luzern. Hier harrte seiner eine umfangreiche
Aufgabe der Wandmalerei.

Während im übrigen Deutschland damals den Malern wenig Gelegenheit geboten
wurde, ihre Kunst auf diesem besonderen
Gebiet zu erweisen, dem die gleichzeitigen
Italiener die Freiheit und Größe ihres Stils
in erster Linie verdankten, hatte in den
deutschen Städten in der Nähe des Alpen-
randes — zuerst vielleicht in Augsburg, das
ja vornehmlich den Verkehr mit Italien ver-
mittelte, — die oberitalienische Sitte Aufnahme gefunden, die Außenseite der Häuser
mit Gemälden zu schmücken, anstatt in der
Anbringung gotischer Zierformen das Mittel
zur Belebung der Flächen zu suchen: die
Mauern blieben zur Aufnahme solchen
Schmuckes ganz schlicht, und die Fenster er-
hielten schon früh eine einfach viereckige Ge-

stalt. Die Ausmalung der Innen-
räume der Bürgerhäuser mit figürlichen Darstellungen war in diesen
Gegenden bereits vor mehr als
einem Jahrhundert beliebt.

So hatte auch Holbein in Luzern das Haus des Schultheißen
Jakob von Hertenstein von innen
und von außen mit Malereien zu
schmücken. Im Innern kamen in
einem Gemache religiöse, in anderen
Räumen genrehafte Gegenstände zur
Darstellung, dazu das Märchen vom
Jungbrunnen, dessen Wasser Alten
und Gebrechlichen Jugendkraft und
Jugendschönheit wiedergibt. Außen
wurden Historienbilder angebracht;
der Stoff zu diesen wurde jetzt, in
einer Zeit, wo alles sich dem Studium des klassischen Altertums zu-
wandte, nicht mehr aus den mittelalterlichen Dichtungen, sondern aus der —
freilich mit späteren Sagen untermischten
— Geschichte der Römer und Griechen ge-
schöpft.

Das Hertensteinische Haus stand mit
großenteils wohlerhaltenem Gemäldeschmuck
bis zum Jahre 1824; dann mußte es ab-
getragen werden, und nur sehr ungenügende
Kopien bewahren uns — abgesehen von
einigen kaum nennenswerten Resten und von
einer kleinen getuschten Skizze zu einem der
Bilder — das Andenken an Holbeins erste
monumentale Schöpfung. Immerhin können
wir uns nach den Kopien eine Vorstellung
von den Außenmalereien des Hauses machen:
wenn auch nicht von der Schönheit des Einzelnen, so doch von dem Geschmack der Ge-
samtanordnung. Das Erdgeschoß war un-

Abb. 17. Naturstudie. Aquarellierte Silberstiftzeichnung.
Im Museum zu Basel.
(Nach einer Originalphotographie von Braun, Clément & Cie. in
Dornach i. E. und Paris.)

geschmückt gelassen. Im Hauptgeschoß, wo
zahlreiche und dicht beisammen stehende
Fenster wenig Raum ließen, beschränkte sich
die Malerei auf drei einzelne weibliche Gestalten, eine an den Ecken und eine auf
dem breiten Fensterzwischenraum in der
Mitte. Darüber sah man links Figuren-
ornamente, welche sich den unregelmäßigen
Fensterbekrönungen anpaßten, und rechts, wo
die Fenster in gerader Reihe standen, einen
Fries von kämpfenden Kindern. Zwischen
diesen grau in grau gemalten Darstellungen
befand sich in der Mitte ein größeres far-
biges Bild, das mit seinem oberen Teil in
den zweiten Stock hineinreichte. Dieses
Bild löste die Mauerfläche derartig auf, daß
es aussah, als ob ein halbrunder Erker
aus der Wand herausträte, durch dessen
weite Säulenstellung man in einen inneren
Raum blickte; in diesen inneren Raum
war die Verbildlichung eines Vorganges
verlegt, zu dem die Sage von den drei
Prinzen, die vor der Leiche des alten
Königs beweisen sollen, wer von ihnen
dessen rechter Sohn sei, den Stoff gab.
Rechts und links waren zwischen den
Fenstern des zweiten Stockwerks Ehewappen, von bekränzten Bogen umrahmt,
angebracht. In dem Raum zwischen den
Fenstern des zweiten und denen des dritten
Stocks war ein Triumphzug zu sehen,
durch Pilaster in einzelne Gruppen abgeteilt
und auf eine Bodenlinie gestellt, welche die

Abb. 18. Naturstudie. Zeichnung in Silberstift und
Wasserfarben. Im Museum zu Basel.
(Nach einer Originalphotographie von Braun, Clément &
Cie. in Dornach i. E. und Paris.)

2*

Abb. 19. Das letzte Abendmahl. Ölgemälde im Museum zu Basel.
(Nach einer Originalphotographie von Braun, Clément & Cie. in Dornach i. E. und Paris.)

Ungleichheit der Fensterhöhen unberücksichtigt ließ. Diese Gruppen hatte Holbein den Kupferstichen des Andrea Mantegna „der Triumphzug Cäsars" entnommen; seinem Vorbilde getreu hatte er hier antike Trachten zur Anschauung gebracht, während er auf den übrigen Geschichtsbildern der Fassade die Figuren noch in das Kostüm seiner Zeit kleidete. Die Bilder zwischen den bis zum Dachgesims reichenden Fenstern des dritten Stocks zeigten Beispiele antiker Sinnesgröße: da sah man die Zurückweisung des verräterischen Schulmeisters von Falerii, die Athenerin Leäna, die sich die Zunge abgebissen hat, um vor Gericht nicht gegen ihren Geliebten aussagen zu können, Mucius Scävola vor Porsenna, den Selbstmord der Lucretia und den Opfertod des Marcus Curtius. In dem letztgenannten Bilde war der römische Ritter so dargestellt,

als ob er sein Roß
antreibe, um auf
die Straße herab-
zuspringen. Die
Standhaftigkeit der
Leäna ist dasjenige
von den Bildern,
von welchem sich
eine Originalskizze
erhalten hat: in
dieser im Basler
Museum befindlichen
Zeichnung sehen wir
den schwer zu ver-
bildlichenden Gegen-
stand mit wenigen
Figuren so deutlich,
wie es eben möglich
war, erzählt und die
unregelmäßige Bild-
fläche durch die Ar-
chitektur des Ge-
richtssaales geschickt
ausgefüllt.

Möglicherweise
machte Holbein von
Luzern aus einen
Ausflug über die
italienische Grenze.
Zwar wird in einer
alten Lebensbeschrei-
bung ausdrücklich
von ihm gesagt, er
sei niemals in Ita-
lien gewesen. Aber

Abb. 20. Bonifacius Amerbach. Ölgemälde im Museum zu Basel.
Aufschrift:
„Bin ich auch nur ein gemaltes Gesicht, nicht weich' ich dem Leben u.
Gleiche in jeglichem Strich meinem Besitzer genau.
Wie ihn, da er achtmal drei Lebensjahre vollendet,
Hat gebildet Natur, sag' ich durch bildende Kunst.
Den Bonifacius Amerbachius malte Johannes Holbein im Jahre 1519 am Tag vor d. n.
Iden des Oktober.“
Nach einer Originalphotographie von Braun, Clément & Cie. in Dornach i. E.
und Paris.

das schließt nicht aus, daß er das der Schweiz
so nahe gelegene Mailand besucht habe.
Was dafür spricht, ist der Umstand, daß
Holbein eine Darstellung des letzten Abendmahls gemalt hat, die ganz unverkennbare
große Ähnlichkeiten mit dem berühmten
Freskogemälde des Leonardo da Vinci in
S. Maria delle Grazie zu Mailand zeigt.
Das Bild, dem die Seitenteile fehlen, befindet sich im Basler Museum. Es war
schon zu Amerbachs Zeit beschädigt und
schlecht ausgebessert, ist später nochmals
ausgebessert und dabei hart und bunt übermalt worden, so daß man von der ursprünglichen Farbenstimmung keine Vorstellung
mehr bekommt. Was man noch würdigen
kann, ist der stark betonte sprechende Ausdruck
der Köpfe. Die Anordnung, die Figur des
Heilandes und die ganze durch die Ver-

sammlung gehende Bewegung erinnern so
stark an Leonardos Meisterwerk, daß man
unbedingt annehmen muß, daß Holbein dieses
gesehen habe. Abb. 19.

Nach Basel zurückgekehrt, wurde Holbein
am 25. September 1519 in die dortige
Malerzunft aufgenommen.

Wenige Wochen später vollendete er ein
Meisterwerk der Bildniskunst in dem Brustbild des Bonifacius Amerbach. Der gelehrte
und kunstsinnige, dabei durch große persön-
liche Liebenswürdigkeit ausgezeichnete Herr
der später alles sammelte, was er von Arbeiten Holbeins auftreiben konnte, und dessen
Bildnis mit dieser ganzen Sammlung in
das Basler Museum gelangt ist, zeigt sich
uns hier in einer so sprechenden Lebensfülle
der Erscheinung, daß wir die Beteuerung
der von ihm für das Bild gedichteten Verse

Abb. 21. Mutmaßliches Selbstbildnis Holbeins.
Buntstiftzeichnung im Museum zu Basel.

in denen er die Vollkommenheit der Ähnlichkeit preist, ohne den leisesten Zweifel an-
erkennen. Ausgezeichnet ist die Farbenstimmung des Gemäldes. Der schöne Kopf,
warm von Hautfarbe und mit rötlich-
braunem Bart und Haar, hebt sich im
Rahmen einer mit schwarzem Pelz besetzten
schwarzen Kleidung, die ein Unterwams von
hellblauem Damast und den weißleinenen
Hemdkragen sehen läßt, von einer tief-
blauen Luft ab. Das Blau der Luft wird
leicht belebt durch einen Fernblick auf be-
schneites Hochgebirge und kräftig begrenzt
und durchschnitten durch die warmen braunen
und grünen Töne von Stamm und Zweigen
eines Feigenbaumes. An dem Baumstamm
hängt in hölzernem Rahmen die perga-
mentene Tafel mit der Inschrift, die außer
jenen Versen den Namen des Malers und
des Abgemalten und das Datum (14. Oktober 1519) trägt (Abb. 20).

Am 3. Juli 1520 leistete Holbein der
Stadt Basel den Bürgereid. Wahrscheinlich
um dieselbe Zeit vermählte er sich mit Frau
Elsbeth, einer Witwe. Erwerbung des Bür-
gerrechts und Verehelichung wurden vermutlich von den Baseler Zunftordnungen
ebenso ausdrücklich wie von denjenigen anderer Städte von jedem verlangt, der sich
als Meister niederlassen wollte.

Abb. 22. Madonna. Tuschzeichnung als Vorlage für Glasmalerei, im Museum zu Basel.

finden; aber die Ähnlichkeit zwischen einem Kind und einem erwachsenen Mann ist immer nur eine unbestimmte und entfernte. Mag nun das Bild den Meister selbst vorstellen oder eine andere Persönlichkeit, jedenfalls ist sie ein hervorragendes Meisterwerk. Die Ausführung ist eine ganz außerordentlich vollendete, völlig malerisch. In die mit schwarzer Kreide gemachte Zeichnung sind die verschiedenen Töne farbiger Stifte so dünn und sauber hineingewischt, daß der Eindruck von Wasserfarbe dadurch erreicht wird. Nur im Gesicht sind auch farbige Töne mit spitzigem Stift in Strichen gezeichnet. Dieses sinnige Gesicht mit den klaren braunen Augen könnte wohl dasjenige des die Außenwelt ruhig und sicher beobachtenden und im Innern regsam schaffenden Malers sein. Auf dem kurzen dunkelbraunen Haar sitzt ein breitrandiges rotes

Abb. 23. „St. Anna selbdritt" (Mutter Anna mit der Jungfrau Maria und dem Jesuskind). Getuschte Vorzeichnung für Glasmalerei. Im Museum zu Basel. (Nach einer Originalphotographie von Braun, Clément & Cie. in Dornach i. E. und Paris.)

Wie der junge Meister aussah, mögen wir uns nach der schönen Buntstiftzeichnung im Baseler Museum vorstellen, welche als sein Selbstbildnis gilt (Abb. 21). Doch darf nicht verschwiegen werden, daß die Berechtigung dieser Bezeichnung nicht ganz unzweifelhaft ist. Das alte Amerbachsche Verzeichnis nennt dieses Bild eine „Conterfehung Holbeins mit trocken farben," und aus diesen Worten ergibt sich nicht ohne weiteres, daß es eine „Conterfehung" seiner selbst sei. Ähnlichkeit mit den vom Vater angefertigten Kinderbildnissen kann man allerdings darin

Barret. Die Farbe des mit schwarzem Sammet besetzten Rockes ist ein helles bräunliches Grau. Auf dem am Hals zum Vorschein kommenden Hemd sind die Lichter mit weißer Farbe aufgesetzt. Für die Härte der Gesamtumrisse, welche die malerische Wirkung des prächtigen Bildes einigermaßen beeinträchtigt, ist der Künstler nicht verantwortlich; die Figur ist nachträglich am Kontur ausgeschnitten und auf graues Papier geklebt worden.

Sieben Jahre lang von seiner Aufnahme

in die Zunft an
blieb Holbein ohne
längere Unterbre=
chung seines Aufent=
haltes in Basel und
entfaltete die reichste
Thätigkeit.

Den besten Über=
blick über sein viel=
seitiges Schaffen ge=
währt uns der kost=
bare Schatz von
Handzeichnungen,
den das Basler Mu=
seum besitzt und der
sein Vorhandensein
zum allergrößten
Teil der von Boni=
facius Amerbach an=
gelegten und von
dessen Sohn Basi=
lius bedeutend ver=
mehrten Sammlung
verdankt, welche die
Stadt Basel im
Jahre 1661 als „ein
sonderbares Klei=
nod" angekauft hat.

Da finden wir
neben den köstlichen
Bildniszeichnungen,
welche in einer ein=
zig dastehenden Weise
mit den allereinfach=
sten Mitteln, mit
Umrißlinien und ein
paar hineingewisch=
ten oder gestrichelten
Tönen eine sprechen=
de Lebendigkeit und
ganz malerische Wir=
tung erreichen, und
neben sonstigen Stu=

Abb. 21. Die heilige Barbara. Getuschte Vorzeichnung für Glasmalerei.
Im Museum zu Basel.
(Nach einer Originalphotographie von Braun, Clément & Cie. in Dornach i. E.
und Paris.)

dien und in sich künstlerisch abgeschlossenen
Zeichnungen auch Entwürfe zu größeren
Werken und Vorbilder für verschiedene
Zweige des Kunstgewerbes.

Unter den letzteren stehen der Zahl nach
die sogenannten „Scheibenrisse," d. h. Vor=
zeichnungen für Glasmalereien, an erster
Stelle.

Die Glasmalerei hatte ihren Vorrang
unter den verschiedenen Zweigen der Maler=
kunst schon längst eingebüßt: in der Renais=

sancezeit trat sie völlig in Abhängigkeit von
der Tafelmalerei. Sie gab ihren teppich=
artigen Charakter auf, und mit Hilfe neu=
erfundener Mittel wußte sie es jener in
plastischer Modellierung und perspektivischer
Wirkung gleich zu thun. Auch hörte sie auf,
eine rein kirchliche Kunst zu sein: sie schmückte
in den sonst farblosen Fenstern der Bürger=
häuser einzelne Scheiben mit Wappen und
mit figürlichen Darstellungen. Hier traten
ihre Gebilde dem Beschauer in nächster Nähe

Abb. 25. Die heilige Katharina. Getuschte Vorzeichnung für eine Fensterscheibe.
Im Museum zu Basel.
(Nach einer Originalphotographie von Braun, Clément & Cie. in Dornach i. E. und Paris.)

und ausgetuscht, mit kräftiger Angabe der Licht- und Schattenwirkung. So war dem Glaser die Zeichnung der Umrisse und alles, was er mit Schwarzlot zu machen hatte, auf das genaueste gegeben, die Wahl der Farben aber blieb seinem Geschmack überlassen; nur in einzelnen Fällen hat Holbein es für angezeigt gehalten, seine Farbengedanken durch ein paar leichte Tönungen anzudeuten. Das erste Erfordernis bei diesen Arbeiten war die dekorative Wirkung, die wohlgeordnete Verteilung der Formen über die Fläche, deren Ausschmückung ihr Zweck war. — Die ältesten dieser Holbeinschen Vorzeichnungen für Glasmalerei sind mehrere Heiligenbilder. In den Gestalten, welche wir auf diesen Bildern sehen, fällt ein befremdlicher Schönheitsfehler, der sich in Holbeins früheren

vor Augen, und auf engem Raum entfaltete sich ein reiches Bild von kleinem Maßstab in einem auf das Unentbehrlichste eingeschränkten Gerüst von Verbleiungen; die feinste, zierlichste Ausführung war daher unbedingt notwendig. Daß bei so gänzlich veränderten Anforderungen die Glaser sich die Entwürfe zu ihren Arbeiten gern von Malern anderen Faches machen ließen, war natürlich.

Sowohl zu Glasfenstern mit religiösen Darstellungen als auch zu solchen mit Wappenbildern hat Holbein Entwürfe angefertigt. Dieselben sind sämtlich in der Ausführungsgröße mit dem Pinsel gezeichnet

Werken mehrfach bemerklich macht, in besonders unangenehmer Weise auf. Die Figuren haben fast alle viel zu kurze Beine. Aber man hat auch den Eindruck, als ob der Künstler beim Entwerfen dieser Blätter den Figuren kaum so viel Interesse entgegengebracht hätte, wie der Umgebung derselben, in der er mit unerschöpflicher Einbildungskraft reiche, phantastische Renaissancearchitekturen schuf. Bisweilen bilden diese Architekturen rahmenartige Einfassungen um die freistehenden Figuren; bisweilen vertiefen sie sich in das Bild hinein zu einem thorartigen Gehäuse; oder sie ziehen sich, wie

Teile eines großen Bauwerks gedacht, auch in den hinter den Figuren befindlichen Raum, den sonst eine landschaftliche Fernsicht füllt, hinein. Diese letzteren, reichsten Architekturen, die zum Entfalten einer bunten Mannigfaltigkeit in der Anordnung spielend ersonnener Bauformen Gelegenheit gaben, finden wir in einer Folge von acht zusammengehörigen Scheibenbildern (daraus die Abbildungen 22 bis 25) derartig angewendet, daß jedesmal zwei der Bilder als Gegenstücke — also in den zwei Flügeln eines Fensters angebracht — gedacht sind und daß darum ihre Architekturen einander symmetrisch entsprechen, doch ohne daß sie deswegen in ihren Einzelheiten genau übereinstimmten (Abb. 23 und 24). Wenn man aus dem stärkeren Hervortreten des erwähn-

Abb. 26. Marienbild mit Stifter. Getuschte Vorzeichnung für eine Fensterscheibe. Im Museum zu Basel.
(Nach einer Originalphotographie von Braun, Clément & Cie. in Dornach i. E. und Paris.)

Abb. 27. Der Erzengel Michael. Getuschte Vorzeichnung zu einer
Fensterscheibe. Im Museum zu Basel.
(Nach einer Originalphotographie von Braun, Clément & Cie. in Dornach i. E.
und Paris.)

angehört, steht Maria, eine anmutige Gestalt, die mit lieblichstem Gesichtsausdruck das Kind in ihren Armen betrachtet, vor einer von Pfeilern eingeschlossenen Nische, deren schöne Architektur viel einfacher gehalten ist, als es sonst dem Jugendgeschmack Holbeins entsprach: die Figur ist wie ein plastisches Bildwerk gedacht: sie steht auf einem verzierten Sockel, und die Strahlen, welche sie als ein der Kunst geläufiges Abzeichen der unbefleckten Empfängnis vom Kopf bis zu den Füßen umgeben, erscheinen wie aus Metall gebildet. Seitwärts kniet der Stifter des Bildes in ritterlicher Tracht, mit dem Ausdruck heißen Flehens im Gesicht und den geöffneten Händen (Abb. 26). Im Gegensatz zu dieser verhältnismäßig ruhigen Architektur, die mit ihren wohl abgewogenen Massen die Figur in der Mitte so schön hervorhebt, finden wir die ausschweifendste architektonische Phantastik in einem Blatt, welches Christus am Kreuz zwischen Maria und Johannes darstellt. Die Bauformen das umrahmenden Gehäuses lösen sich hier ganz in Ornamente auf, und der üppige Schwung der Holbeinschen Renaissanceornamentik wirkt auf die Linienzüge und selbst den Gesichtsausdruck der Figuren zurück. In einer reichen Komposition, welche die Krönung der Jungfrau Maria als Himmelskönigin darstellt, hat Holbein die Rahmenarchitektur ganz weggelassen und seine Lust am Schaffen baukünstlerischer Gebilde nur an dem in den Wolken stehenden Prachtgestühl bestätigt, auf dem die Gestalten von Gott Vater und Gott Sohn sitzen. Gleichfalls ohne Einrahmung ist ein vorzüglich schönes Bild des Erzengels Michael,

ten Schönheitsfehlers der Figuren einen Schluß auf die Entstehungszeit ziehen darf, so müssen diese acht Fensterbilder die ältesten von allen sein. Bei einem einzelnen Marienbild gibt der Umstand, daß die landschaftliche Fernsicht die Stadt Luzern zeigt, Grund zu der Annahme, daß dasselbe während Holbeins Aufenthalt in jener Stadt entstanden sei. Auf einem sehr schönen Scheibenbilde, das, den guten Verhältnissen der Figuren nach zu urteilen, einer späteren Zeit

Abb. 28. Chriſtus vor Kaiphas. Aus der Folge von Tuſchzeichnungen aus der Leidensgeſchichte Chriſti Vorlagen für Glasmalerei, im Muſeum zu Baſel.

Abb. 29. Die Geißelung. Aus der Folge von Tuschzeichnungen aus der Leidens-
geschichte Christi (Vorlagen für Glasgemälde) im Museum zu Basel.
(Nach einer Originalphotographie von Braun, Clément & Cie. in Dornach i. E. und
Paris.)

der, wie ein Schnitzbild gedacht, auf einer Art von Konsole steht; der Engel hält die Wage des Gerichts und wägt die Sündenlast, die durch eine Teufelsfigur angedeutet wird, gegen die durch das Christuskind verbildlichte Kraft der Erlösung ab (Abb. 27). — Eine vereinzelte Stellung hinsichtlich des Gegenstandes nimmt unter den Glasbilderentwürfen ein treffliches Blatt ein, das innerhalb einer rahmenartigen Einfassung den verlorenen Sohn als Schweinehirten zeigt. In einer von Bergen begrenzten Landschaft drängt sich die Schweineherde um einen Eichbaum, und ihr Hüter schreitet, wie von innerer Unruhe getrieben, schnell vorwärts, mit dem scheuen Blick eines verkommenen Menschen, in dessen Zügen sich aber ein solches Unglücklichkeitsgefühl eingegraben hat, daß sein

Abb. 30. Die Verspottung Christi. Aus der Folge von Tuschzeichnungen aus der Passion (Vorlagen für Glasbilder), im Museum zu Basel.

Anblick mehr Mitleid als Abscheu erweckt.

Das inhaltlich Bedeutendste von allem, was sich an Vorlagen Holbeins für Glasmalerei erhalten hat, ist eine Folge von zehn Darstellungen aus der Leidensgeschichte Christi. Auch hier hat der Künstler seiner Freude am Ersinnen reicher, kräftig gestalteter Bau- und Ziergebilde im „antikischen" Geschmack freien Lauf gelassen. Aber das Hauptgewicht hat er doch auf die figürlichen Darstellungen gelegt, die sich im Einschluß dieser Rahmen als vollendete Meisterwerke der Raumausfüllung ausbreiten. Finden wir in diesen Kompositionen auch nicht die unerreichbare Tiefe der Empfindung und die ergreifende Poesie Dürers, so kommen sie dafür durch die ungemein anschauliche und naturgemäße Schilderung der mehr vom menschlichen als vom religiösen Standpunkt aus aufgefaßten Vorgänge und durch die schlichte natürliche

Abb. 31. Die Handewaschung des Pilatus. Aus der Folge von Tuschzeichnungen aus der Leidensgeschichte
Christi. Vorlagen für Glasmalerei, im Museum zu Basel.

Abb. 32. Die Kreuztragung. Aus der Folge von Tuschzeichnungen aus der Leidensgeschichte Christi (Vorlagen
für Glasmalerei), im Museum zu Basel.
(Nach einer Originalphotographie von Braun, Clément & Cie. in Dornach i. E. und Paris.)

Abb. 35. Entwurf zu einem Wappenfenster. Tuschzeichnung im
Museum zu Basel.

stalten zu geben vermochte (Abb. 29). Um so lebendiger und eindrucksvoller ist die Schilderung der Verspottung Christi, deren Schauplatz eine ausnahmsweise in gotischen Formen komponierte Halle ist (Abb. 30). Das folgende Bild stellt die Dornenkrönung dar. Man sieht den auf einem Stuhl sitzenden Heiland von der Seite. Einer der Soldaten kniet spöttisch vor ihm nieder, während er ihm das Schilfrohr als Scepter reicht; zwei andere drücken ihm mit einem Stab die Krone auf den Kopf, und ein dritter schlägt mit dem Stock darauf. Hinter dem Sitz steht Pilatus mit der Richterstab in der Hand als Zuschauer. Bei diesem Blatt ist die Einfassung, die aus einem oben durch Ornamente verbundenen Pfeilerpaar besteht, nicht mit der Raumarchitektur des Bildes im Zusammenhang gedacht, sondern umgibt das Ganze als ein besonderer Rahmen. Auch bei allen folgenden

die eigene Gegenwart verlegt erschienen. — Die Folge beginnt mit der Vorführung Christi vor Kaiphas. Man sieht den Thron des Hohenpriesters, der in einer schmuckreichen Halle aufgebaut ist, von der Seite. Ihm gegenüber steht der gefesselte Heiland und wendet den Kopf mit einem wunderbar ausdrucksvollen Blick der Frage und der Unschuld zu dem Kriegsknecht, der ihn mit der Faust geschlagen hat (Abb. 28). Auch die Geißelung ist in einen prunkhaften Raum verlegt, und die Erfindungslust des Künstlers hat selbst die Martersäule mit Schmuckformen versehen. Christus lehnt, mit den Armen angebunden, kraftlos, mit niedersinkendem Haupt an der Säule, den Schlägen von drei Schergen preisgegeben und von einer obrigkeitlichen Person beobachtet. Bei den Figuren der Schergen fällt es auf, daß sie nicht ganz jene Fülle von Lebendigkeit besitzen, welche Holbein sonst bewegten Ge-

Blättern sind die Einrahmungen nur ein äußerer, mit dem Bilde nicht in inneren Zusammenhang gebrachter Abschluß. Durch den Umstand, daß die Darstellungen sich im Freien bewegen, war hier eine solche Anordnung geboten; diese Einschränkung der architektonischen Zuthaten aber hat Holbein nicht gehindert, in denselben auch hier den Reichtum seiner Erfindungskraft in bunter Mannigfaltigkeit spielen zu lassen. In dem auf die Dornenkrönung folgenden Bilde öffnet sich uns ein Stadtbild. Wir blicken auf den freien Platz vor dem Gerichtsgebäude. Lärmendes Volk, das der Künstler mit großem Geschick so anzugeben gewußt hat, daß er durch wenige Figuren den Eindruck einer großen Menge erzielt, erfüllt den Platz. Sein Geschrei ist die Antwort auf die von lebhaftem Mienen- und Gebärdenspiel begleiteten mitleidig geringschätzigen

Abb. 36. Entwurf zu einer gemalten Fensterscheibe. Tuschzeichnung mit Farbenangabe.
Im königl. Kupferstichkabinett zu Berlin.

Worte, mit denen
Pilatus den mit ge-
senkten Blicken neben
ihm stehenden Dul-
der dem Volke vor-
stellt. Auf dem näch-
sten Bilde sehen wir
in einem geräumigen
Innenhof den von
einem Baldachin
überdachten Thron
des Landpflegers er-
richtet. Mit einer
sehr ausdrucksvollen
Entschiedenheit führt
Pilatus die sinnbild-
liche Handlung der
Handwaschung aus,
während er, noch ein
lautes Wort spre-
chend, dem Zuge nach-
sieht, der den preis-
gegebenen Christus
hinausführt. Chri-
stus schreitet im
Vordergrunde zwi-
schen einer Schar
von Kriegsknechten
und sein Blick trifft
mit einer stummen
Frage einen Gehar-
nischten, dessen Ei-
senfaust seinen Arm
umfaßt hat (Abb. 31).
Es folgt die Kreuz-
tragung. Eine ge-

Abb. 37. Entwurf zu einem Wappenfenster. Tuschzeichnung im Museum zu Basel.

drängte Menschenmenge durchschreitet das
Stadtthor, das einen kleinen Durchblick in
die Straße gewährt, während man von
außen ein Stück der turmbewehrten Stadtmauer sieht. Vorn im Zuge schreiten, mit
Stricken gebunden, die beiden Schächer. Dem
ihnen folgenden Christus brechen eben unter
der Last des Kreuzes die Kniee. Ein neben
ihm schreitender Führer der Kriegsleute faßt
ihn scheltend und drohend an der Schulter,
die Knechte stoßen und schlagen auf ihn ein.
Über die Köpfe der Figuren ragen Waffen
und Geräte, und der Eindruck der Viel-
heit der Menge wird hierdurch wirk-
sam gesteigert (Abb. 32). Das nächste Bild
schildert in lebendiger und eindrucksvoller
Komposition die Vorbereitungen zur Kreuzigung. Christus kniet auf dem am Boden

liegenden Kreuz. Zwei Schergen entkleiden
ihn, indem sie ihm mit wüster Gewalt die
Tunika über den Kopf ziehen. Vorn ist
ein Mann damit beschäftigt, die Löcher für
die Nägel in die Kreuzbalken zu bohren.
Ein anderer hackt die Grube zum Einpflan-
zen des Kreuzes aus. Im Hintergrunde
sieht man viel Volk, darunter einen der
Schächer, der bereits entkleidet ist. — Der
Darstellung der Entkleidung folgt diejenige
der Annagelung an das Kreuz. Auch dieser
Vorgang ist mit großer Lebendigkeit geschildert. Die geschäftsmäßige Roheit der
Henker wird derb, aber ohne Übertreibung
zur Anschauung gebracht. Kalt und gelassen
schauen eine Gerichtsperson in Pelz und
Mütze und ein auf einem Maultier reiten-
der höherer Beamter in morgenländischer

Abb. 38. Entwurf zu einem bischöflichen Wappen. Getuschte Vorlage für Glasmalerei.
Im Museum zu Basel.
(Nach einer Originalphotographie von Braun, Clément & Cie. in Dornach i. E. und Paris.)

Kleidung zu. Im Mittelgrund sieht man
die um den Rock Christi würfelnden Soldaten und weiter zurück eine große Menschenmenge. — Auf dem letzten Bilde sehen wir
die drei Kreuze aufgerichtet. Christus wen-

det den Kopf seitwärts nach seiner Mutter
herab, die, von Johannes aufrecht gehalten,
dicht an den Stamm herangetreten ist und
nicht aufzublicken vermag. Ein Mann, der
den Aufschriftzettel angeheftet hat, steigt im

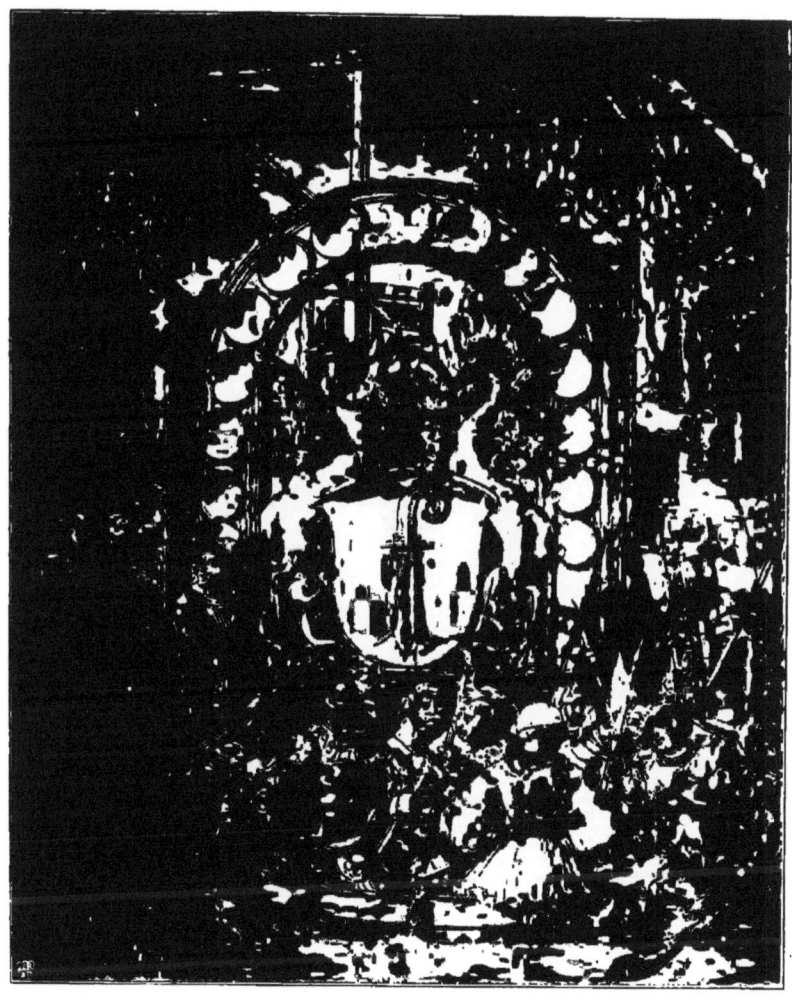

Abb. 39. Das Wappen von Basel. Getuschter und leicht mit Wasserfarben angelegter Entwurf zu einem
Glasgemälde. Im Museum zu Basel.
(Nach einer Originalphotographie von Braun, Clément & Cie. in Dornach i. E. und Paris.)

Rücken des Kreuzes die Leiter hinab. Man
sieht den an eine Stange gesteckten Essig-
schwamm. Vor den Kriegsknechten steht,
dem gekreuzigten Heiland gerade gegenüber,
der römische Hauptmann und hebt, zu ihm
aufschauend, die Hand zur Beteuerung seines
Glaubens empor. Was dieses Blatt besonders bewunderungswürdig macht, ist die
schlichte Einfachheit der Stellungen und

Bewegungen; wo es galt, lebendige Thätigkeit zu veranschaulichen, wußte der Künstler
die höchste Lebendigkeit zu entfalten, hier,
wo keine Handlung mehr vor sich geht, hat
er jede gesuchte Lebendigkeit zu vermeiden
gewußt (Abb. 33).

Die von Holbein angefertigten Vorlagen
für Wappenfenster sind Meisterwerke reichen
Geschmacks. Auch unter diesen Blättern be-

Numine uirgo tuum pleno defende Friburgum
Inferni noceant ne mala spectra Iouis.
Teq̃ rom Lamberte aris oſtende patronum,
Turba Paleſtinum ſentiat omnis herom.

Abb. 40. Die Schutzheiligen von Freiburg. Holzſchnitt auf der Rückſeite des
Titels der im Jahre 1520 erſchienenen „Stadtrechte und Statuten der löblichen Stadt
Freiburg im Breisgau“ von Ulrich Zaſius.

Unterſchrift:

„Machtvoll nimm in den gnädigen Schutz, o Jungfrau, dein Freiburg,
Daß keinen Schaden ihm thun Geiſter des hölliſchen Reichs.
Zeige auch du, Lambertus, als Schirmer dich deinen Altären,
Ritter vom heiligen Land, wehre dem unholden Heer.“

Schilde ſtehen; der architektoniſche Rahmen, ein pfeilergetragener Bogen, als Marmor gezeichnet, enthält in den Bogenzwickeln wieder Bauernbildchen, Schnitter und Mäher darſtellend (Abb. 34). Wenn es ſich um Wappen von Perſonen handelte, die auf kriegeriſchem Felde thätig waren, lag es nahe, die heraldiſche Darſtellung in ähnlicher Weiſe, wie es dort mit Bauern geſchehen war, mit Kriegerfiguren zu bereichern; die maleriſchen Geſtalten der Landsknechte in ihrer phantaſtiſchen Tracht mußten dem Geſchmack Holbeins ganz beſonders zuſagen. So finden wir in einer Zeichnung einen grimmig ausſehenden Kriegsmann mit einem mächtigen Zweihänder auf der Schulter als Schildhalter verwendet; dabei iſt auch das obere Feld der Umrahmung mit einer Darſtellung kämpfenden Fußvolks geſchmückt (Abb. 35). Auf einem anderen, ſehr ſchönen Blatt ſtehen zwei Landsknechte an den Seiten des Schildes (Abb. 37). Ein ähnliches Blatt, mit der Zuthat von Heldenfiguren des Altertums und von einem Kampf nackter Männer in der Rahmenarchitektur, befindet ſich im Berliner Muſeum (Einſchaltbild Abb. 36). In den beiden letztgenannten Zeichnungen ſind die Schilde leer gelaſſen. Dieſelben können darum nicht für eine beſtimmte Perſönlich-

findet ſich eins, das ſich als aus der Zeit des Aufenthalts in Luzern ſtammend zu erkennen gibt. Es iſt mit der Jahreszahl 1518 bezeichnet und zeigt das Wappen der Luzerner Familie Holdermeier. Der heraldiſche Teil der Darſtellung beſchränkt ſich hier auf den am Boden ſtehenden Wappenſchild; die Hauptſache iſt eine Gruppe von drei Bauern, grotesk aufgefaßten Geſtalten, die in lebhaftem Geſpräch hinter dem

Abb. 41. Entwurf zu einem Stück Fassadenmalerei, mit der Figur Karls des Großen. Tuschzeichnung im Museum zu Basel. (Nach einer Originalphotographie von Braun, Clément & Cie. in Dornach i. E. und Paris.)

keit angefertigt worden sein, da eine solche vor allem ihr Wappen im Wappenschilde hätte sehen wollen. Holbein hat sie also auf Vorrat gemacht, für sich oder für den Glaser, der dann je nach der Person eines etwaigen Bestellers das Heraldische auszufüllen hatte. Auch bei einem sehr prunkvollen großen Entwurf eines Bischofswappens, der mit einer fast überschwenglichen Formenfülle die Bildfläche überspinnt, ist der Schild und außerdem der Platz für die Devise oder eine sonstige Inschrift leer gelassen (Abb. 38). Zwei ganz verschiedenartige reiche Kompositionen enthalten das Wappen von Basel. Auf dem einen dieser Blätter steht der Wappenschild, von Kindern gehalten, zu den Füßen der Jungfrau Maria; an den Seiten stehen der heilige Kaiser Heinrich und der heilige Bischof Pantalus; der einschließende Architekturbogen ist mit leeren Schilden belegt und mit den Medaillonbildern römischer Imperatoren zwischen Arabesken geschmückt. Das andere Blatt, dem ungewöhnlicherweise die architektonische Umrahmung fehlt, zeigt das Baseler Wappen mit Basilisken als Schildhaltern unter einem im Bau begriffenen Thorbogen, der wieder den Kranz leerer Schilde zeigt; dahinter sieht man in eine waldige Landschaft, und im Vordergrund fährt ein mit Kriegsleuten besetzter Kahn vorbei. Der Oberste der Kriegsleute ist durch den Namen Basilius kenntlich gemacht, und die ganze Darstellung bezieht sich auf die sagenhafte Geschichte der Gründung von Basel (Abb. 39). Ein Entwurf zu einem Ehewappen, wiederum mit leer gelassenen Schilden, ist bemerkenswert durch die schwungvolle Ausarbeitung der zu üppigen Ornamenten auswachsenden Helmdecken, durch die Anlehnung an den Stil spätromanischer

Prachtportale in der Gestaltung der architektonischen Umrahmung und durch die Bezeichnung mit einer Jahreszahl: 1520. — Es scheint, daß die Wappenzeichnungen Holbeins, sowie seine sonstigen Glasbilderentwürfe der größten Mehrzahl nach in den ersten Jahren nach seiner Rückkehr aus Luzern und in noch früherer Zeit entstanden sind.

Eine seiner schönsten Wappenzeichnungen führte Holbein nicht als Vorlage für ein Scheibenbild, sondern auf dem Holzstock aus. Das Blatt stellt das Wappen der Stadt Freiburg im Breisgau dar und schmückt den Titel des im Jahre 1520 erschienenen Buches „Stadtrechte und Statuten der löblichen Stadt Freiburg im Breisgau." Hier dehnt sich das heraldische Bild über das ganze Blatt aus: nur oben und unten ist ein schmaler Raum gelassen für die Worte des Titels und ein paar Verse. Auch die Rückseite dieses Titelblattes ist mit einem Holzschnitt von Holbein geschmückt. Darauf sind die Schutzheiligen von Freiburg, die Jungfrau Maria, der Ritter Georg und der Bischof Lambertus dargestellt; an der Rahmenarchitektur ist nochmals das Wappen der Stadt, als einfacher Schild mit dem Kreuz, und das Wappen des Staates, zu dem der Breis-

Abb. 42. Vornehme Baselerin in reicher Tracht und Federhut.
Tuschzeichnung im Museum zu Basel.

gau damals gehörte, der „Bindenschild"
von Österreich, angebracht (Abb. 40).

Mehrmals wurde an Holbein, nachdem
er sich in Basel niedergelassen, die Aufgabe
gestellt, seine in Luzern bewährte Kunst auch
hier zu bethätigen, die Straßenseite eines
Hauses durch malerischen Schmuck zu beleben.
Von diesen Straßenmalereien hat sich nichts
erhalten. Nur ein paar Originalentwürfe
zu einzelnen Stücken (Abb. 41) und einzelne

spätere Abbildungen geben uns eine Vorstellung von deren Art und Weise. Mit
kühner Phantasie und mit genialer Ausnutzung der durch die unregelmäßigen Fenster-
stellungen gegebenen verschiedenartigen Flächen umkleidete er die schlichten Häuser mit
säulenreichen Renaissancearchitekturen und
belebte die gemalten Balkone und luftigen
Hallen mit geschichtlichen, mythologischen,
sinnbildlichen und volkstümlichen Gestalten.

Abb. 13. Vornehme Baselerin in Tuchkleid und gesticker Haube.
Tuschzeichnung im Museum zu Basel. Nach einer Originalphotographie von Braun,
Clément & Cie. in Dornach i. E. und Paris.

Am berühmtesten war die übermütig lustige Darstellung eines Bauerntanzes, nach welchem das Haus, an dem sie sich befand, „zum Tanz" genannt wurde. Wie dieses Gebäude in seiner Bemalung ausgesehen hat, davon gibt außer den erhaltenen Originalentwürfen einzelner Stücke eine alte Durchzeichnung des Gesamtentwurfs Kunde. Es war ein dreistöckiges Eckhaus; die Malerei erstreckte sich über beide Seiten und war in ihrer Perspektive so angeordnet, daß sie auf einen Standpunkt des Beschauers schräg der Ecke gegenüber, von wo aus man beide Seiten sah, rechnete. Im Erdgeschoß war an der Hauptseite eine von Säulen getragene Bogenlaube gemalt; mit großem Geschick hatte Holbein die in der Wirklichkeit vorhandene gotische Form von Thür und Fenstern in der

Abb. 11. Basler Bürgerfrau. Tuschzeichnung im Museum zu Basel.

Art verwendet, daß die in seinen Stil nicht passenden Spitzbogen wie das Ergebnis der perspektivischen Überschneidung, welche die jenem Standpunkt entsprechende schräge Ansicht der gemalten Rundbogenwölbungen mit sich brachte, erschienen. Darüber, in dem Raum unterhalb der nächsten Fensterreihe, sah man die farbigen Gestalten der tanzenden Bauern, die sich vor der hier scheinbar weiter zurücktretenden Architektur, ihre Schlagschatten auf die Wand werfend, auf einem Bretterboden tummelten. An der anderen Seite des Hauses war ein großer Teil der Wand so bemalt, als ob man in einen hohen, den ersten Stock mit durchbrechenden Thorweg hineinsähe. Jenseits desselben war wieder eine Bogenlaube gemalt; davor sah man einen Stallknecht mit einem Pferde

stehen; deren Füße waren, da es nicht an=
ging, das Aufstehen derselben auf der Straße
zu malen, durch eine die Straße entlang
gehend gedachte niedrige Mauer verborgen.
Weiter oben, zwischen den Fenstern des
ersten Stocks, sah man eine farbige Figur
des Bacchus. Die oberen Geschosse waren
an beiden Hauswänden mit einer phantasti=
schen Architektur übersponnen. Bald schein=
bar hervortretend in Balkonen, auf denen
sich bunte Gestalten bewegten, bald tief zu=
rückgehend, durchbrochen von Durchblicken in
die blaue Luft unter schattigen Bogen, mit
Steinfiguren und Medaillons geschmückt,
zeigte dieses künstlerische Spiel eine Fülle
der mannigfaltigsten Formgedanken. Selbst
die Unregelmäßigkeiten, welche in der
Stellung der Fenster vorhanden waren,
wurden ausgenutzt, indem der Anschein her=
vorgerufen wurde, als ob die Ungleichheiten
durch die Perspektive bedingt wären. Über
dem gemalten Thorweg erblickte man den
Marcus Curtius, der, aus einer tiefen Halle
hervorsprengend, sich anschickt, mit seinem
mächtigen, aufbäumenden Schimmel auf die
Straße hinabzustürzen. Es fehlte auch nicht
ein kleiner Scherz des Malers: ganz oben
stand auf einem Gesims ein Farbentopf,
wie wenn er dort vergessen worden wäre
und nun nicht mehr heruntergeholt werden
könnte. — Eine bis zur Augentäuschung
gehende Körperhaftigkeit war ein Hauptwitz
bei den Straßenmalereien Holbeins. Die
alten Berichterstatter haben verschiedene
darauf bezügliche Geschichtchen der Aufzeich=
nung für wert gehalten.

Die Stadt Basel muß durch die zahl=
reichen von Holbein bemalten Hausfassaden
förmlich etwas von dessen persönlichem Stil
aufgedrückt bekommen haben. Aber der Ein=
fluß des jungen Malers mit seinem aus=
gebildeten Geschmack beschränkte sich nicht
auf den Schmuck der Häuser, er erstreckte
sich auch auf die äußere Erscheinung der
Menschen. Unter den Holbeinzeichnungen
im Basler Museum befindet sich eine Anzahl
von Entwürfen zu Damenanzügen. Es ist
nicht recht annehmbar, daß Holbein diese in
sorgfältiger Tuschzeichnung ziemlich groß aus=
geführten Blätter gemacht haben sollte, um
der Nachwelt zu berichten, wie die Baslerin=
nen zu seiner Zeit sich kleideten; vielmehr
hat er seine Erfindungsgabe, die innerhalb
des die Gotik verdrängenden „antikischen"

Abb. 15. Christus im Grabe. Ölgemälde von 1521. Im Museum zu Basel.

Stils neue Bau- und Zierformen spielend gestaltete, auch angewendet, um im Rahmen des herrschenden Modegeschmacks Musterbilder weiblicher Kleidung zu schaffen. Und zweifellos haben die jungen Damen sehr gut ausgesehen, welche diese Vorbilder durch ihren Schneider in die Wirklichkeit übersetzen ließen. Die Trachten bieten viel Abwechselung. Da sehen wir eine vornehme Dame in einem Kleid aus reichem schwerem Seidenstoff mit weiten Puffärmeln, unter denen

dargestellt ist, als ob sie eben des Amtes walte, einen Ehrentrunk zu überreichen; dementsprechend trägt sie die häusliche Schürze, die aber in ihrer feinen Fältelung auch ein Putzstück ist, über dem reichfaltigen Schleppkleid, dessen Ärmel in mehrere weite, gefältelte Puffen abgeteilt sind; auf dem Kopfe trägt sie einen schräg aufgesetzten ganz flachen Hut, dessen Rand ein Kranz von Straußenfedern umgibt, und den Ausschnitt des Kleides hat sie zum größten Teil unter einem

Abb. 16. Kopf des Totenbildes im Baseler Museum (s. d. vorige Abb.).
(Nach einer Originalphotographie von Braun, Clément & Cie. in Dornach i. E. und Paris.)

mehrfach gepuffte Unterärmel aus feinem Weißzeug hervorkommen, mit einem breiten Hut, der ganz mit wallenden Straußenfedern besetzt ist (Abb. 42). Dann eine Dame in häuslicher Festkleidung, mit einem Tuchkleid, das mit breiten Sammetbesätzen und mit verschiedenartigen Puffen und gefälteltem Weißzeug an Brust und Ärmeln verziert ist, mit besticktem Unterrock und besticktem Häubchen, mit einer Menge von Goldschmuck über dem durchsichtigen Stoff, der die Schultern leicht verschleiert (Abb. 43). Weiter das sehr hübsche Bild einer Bürgerfrau in gefälteltem Kleid und durchsichtiger Haube. Dann die sogenannte Wirtin, eine junge Dame, die mit einem Humpen in der Hand

sammetbesetzten Schulterkragen, nicht unähnlich dem heutigen „Cape", verborgen. Die künstlerisch schönste unter all diesen Zeichnungen zeigt eine Bürgerfrau in halber Rückenansicht, in verhältnismäßig einfacher, aber darum nicht weniger kleidsamer Tracht; der einzige Schmuck des Kleides von schwerem Tuch besteht in Sammetbesätzen am Ausschnitt und an den glatten, nur an den Ellenbogen von Weißzeugpuffen unterbrochenen Ärmeln; über Hals und Schultern schmiegt sich ein dünner gefälteter Stoff, und das Haar ist unter einer ebenfalls halbdurchsichtigen Haube verborgen; keinerlei metallener Schmuck, nur die am Gürtelband hängende kunstreich gearbeitete Büchse für

Abb. 47. Madonna von Solothurn. Ölgemälde von 1522. Im Privatbesitz in Solothurn.
(Nach einer Originalphotographie von Braun, Clément & Cie. in Dornach i. E. und Paris.)

Abb. 48. Die heilige Ursula. Ölgemälde von 1522.
In der Kunsthalle zu Karlsruhe.

das Nähgerät (Abb. 44). Bei einer sechsten Modezeichnung, welche ein ziemlich leichtfertig aussehendes junges Mädchen im Federhut, mit unverschleiertem sehr tiefen Ausschnitt des Kleides zeigt, erscheint der Holbeinsche Ursprung zweifelhaft. Was bei all diesen weiblichen Trachtenbildern den heutigen Beschauer so befremdlich berührt, das Zurückbiegen des Oberkörpers mit stark ausgehöhltem Rücken, war eine modische Angewöhnung der Zeit, die durchaus zum guten Ton gehörte, und die ihren thatsächlichen Entstehungsgrund wohl in dem Umstand hatte, daß der mitunter sehr schwere Rock, da er vorn ebenso weit auf den Boden hinabreichte wie hinten, beim Gehen beständig vorn aufgehoben werden mußte.

An den jungen Meister, von dessen Erfindungsgabe und Geschmack Basel so vielfältige Proben sah, und dessen Handfertigkeit in der Wandmalerei die Häuser an den Straßen bekundeten, wendete sich die Regierung von Basel, als es sich darum handelte, das Innere des großen Sitzungssaales im neuen Rathause mit Wandgemälden zu schmücken. Holbein übernahm diese Arbeit im Juni 1521 und brachte dieselbe bis zum Spätherbst des folgenden Jahres zu einem vorläufigen Ab-

schluß. In dieser Zeit
bemalte er drei Wände
des Saales. Als er da-
mit fertig war, glaubte
er den für das Ganze
vereinbarten Preis be-
reits verdient zu haben;
der Rat gab ihm hierin
Recht und beschloß, „die
hintere Wand bis auf
weiteren Bescheid an-
stehen zu lassen." —
Was für ein großarti-
ges Werk Holbein hier
geschaffen hat, das kön-
nen wir leider nur noch
erraten aus demjenigen,
was uns die Kenntnis
davon vermittelt. Die
Malereien selbst sind
schon vor langer Zeit,
wahrscheinlich durch
Feuchtigkeit, zu Grunde
gegangen. Ihre Spuren
wurden im Jahre 1817
bei der Beseitigung einer
alten Tapete wiederauf-
gefunden. Danach sind
von drei Hauptbildern
Abbildungen angefertigt
worden, die aber be-
greiflicherweise nicht
mehr als das Allgemeine
der Kompositionen wie-
dergeben. Eine bessere
Vorstellung von der
Formengebung der Ge-
mälde bekommen wir
durch eine Tuschzeich-
nung Holbeins, welche
als Entwurf zu einem
der Bilder gedient hat,
und durch mehrere alte
Kopien nach solchen Ent-
würfen. Wie herrlich
die Farbe gewesen sein
muß, kann man nur
nach ganz spärlichen
kleinen Resten ahnen,
die aus dem zerbröckeln-
den Wandputz heraus-
genommen und in das
Museum gebracht wor-
den sind. — Der Künst-

Abb. 19. Der heil. Georg (Detail)
In der Kathedrale zu Karlsruhe

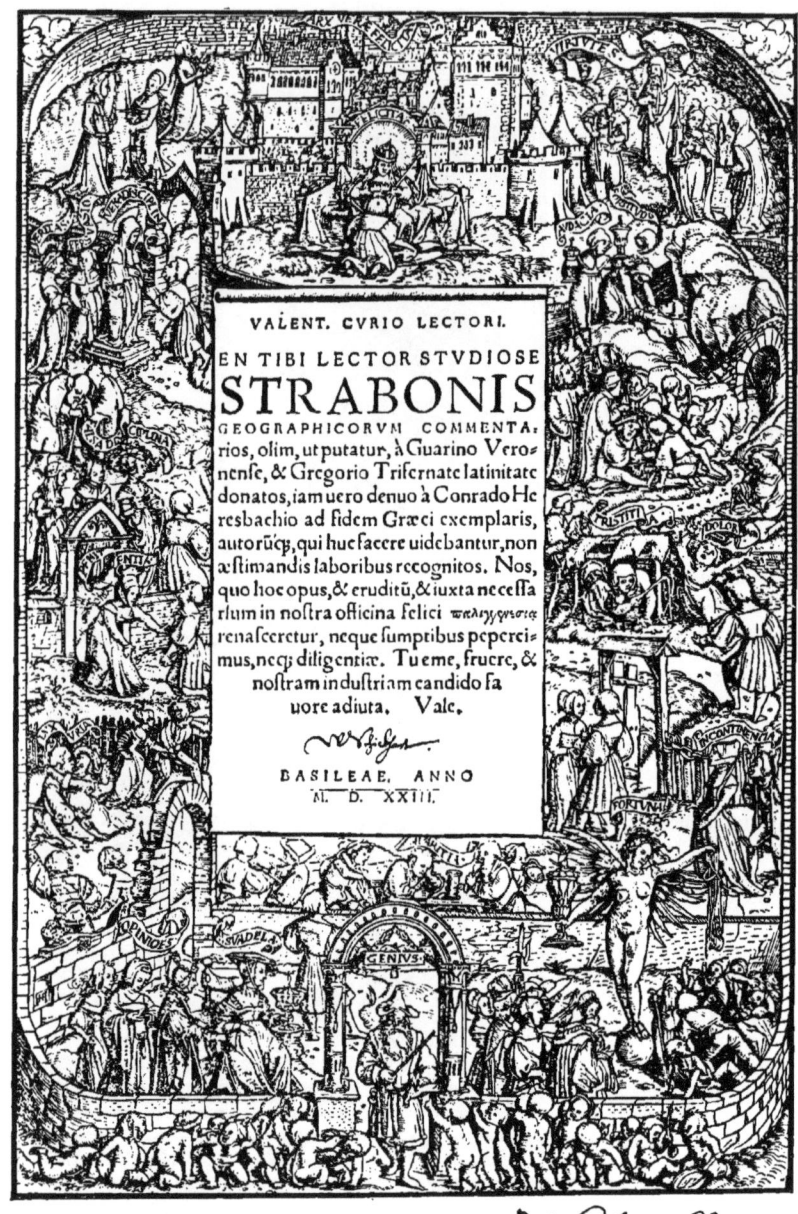

VALENT. CVRIO LECTORI.

EN TIBI LECTOR STVDIOSE
STRABONIS
GEOGRAPHICORVM COMMENTA:
rios, olim, ut putatur, à Guarino Vero=
nenſe, & Gregorio Triſernate latinitate
donatos, iam uero denuo à Conrado He
resbachio ad fidem Græci exemplaris,
autorṹcꝗ, qui huc facere uidebantur, non
æſtimandis laboribus recognitos. Nos,
quo hoc opus, & eruditũ, & iuxta neceſſa
rium in noſtra officina felici παλιγγγνεσίᾳ
renaſceretur, neque ſumptibus peperci=
mus, neꝗ diligentiæ. Tu eme, fruere, &
noſtram induſtriam candido fa
uore adiuta. Vale.

BASILEAE. ANNO
M. D. XXIII.

ler verfuhr bei der Ausschmückung des
Saales nach den nämlichen Grundsätzen,
die er bei der Bemalung der Außenseite
von Häusern anwendete. Er verwandelte
den an sich einfachen Raum durch ge=
malte Säulenstellungen in eine weite
Halle. In diesen Rahmen ordnete er
die Figurendarstellungen in der Weise
ein, daß man die in den Hauptbildern
geschilderten Vorgänge in breiten Durch=
blicken der Architektur, gleichsam draußen
sich abspielen sah, bald im Freien, bald
in tiefen Säulensälen; in den Zwischen=
räumen zwischen diesen großen Bildern
sah man Einzelgestalten in vertieften
Nischen des Architekturrahmens. Diese
Einzelgestalten waren zum Teil geschicht=
liche Persönlichkeiten, zum Teil Allegorien
der sogenannten weltlichen oder Kardinal=
tugenden. Für die Hauptbilder gab, wie
es die Zeit mit sich brachte, die Geschichte
des klassischen Altertums die Stoffe; sie soll=
ten in großartigen Beispielen zur strengsten
Pflege derjenigen Tugenden, welche die höch=
sten Pflichten der Herrschenden sind, ermahnen.
Da sah man die unbeugsame Gerechtigkeit und
die opfermutige Stärke in den Bildern zweier
Gesetzgeber veranschaulicht: Charondas, der
sich selbst mit dem Tode bestraft, und Za=
leukus, der die Hälfte der von seinem Sohn
verwirkten Strafe an sich selbst vollstrecken
läßt; ein Beispiel der Weisheit gab das
Bild des unbestechlichen Dentatus, und die
Maßhaltung wurde gepredigt durch das ab=
schreckende Beispiel des Perserkönigs Sapor,
der dem besiegten Feinde noch Schmach an=
thut. Wie sprechend und lebendig Holbein
die Vorgänge zu erzählen wußte, das zeigen
auch die unvollkommenen Anschauungsmittel
der vorhandenen Skizzen und schlechten Ab=
bildungen. — Charondas von Catanea hatte
in den Gesetzen, welche er der Stadt Thurii
gab, bei Todesstrafe verboten, in der Volks=
versammlung Waffen zu tragen; und als es
ihm widerfuhr, daß er, von einer Reise, ohne
sich umzukleiden, zur Versammlung eilend,
erst dort gewahrte, daß er noch mit dem
Schwert umgürtet war, gab er sich selbst
vor aller Augen den Tod. Holbein hat die
Sitzung der Volksvertreter von Thurii in
eine große, teilweise offene Säulenhalle mit
reichem bildnerischen Schmuck verlegt. Die
Augen aller Versammelten heften sich auf
Charondas, und dieser vollführt seine über=

Abb. 51. Erasmus von Rotterdam.
Holzschnittbildnis, wahrscheinlich von Hans Lützelburger
geschnitten.

raschende That so schnell, daß die meisten
wie gebannt auf ihren Plätzen sitzen bleiben;
nur wenige sind aufgesprungen. Charondas
richtet, indem er sich das Schwert in die
Brust stößt, den Blick zum Himmel, ent=
sprechend der Angabe der antiken Erzählung,
daß eine Anrufung des Zeus zum Zeugen,
daß das Gesetz Herr bleiben solle, seine
letzten Worte waren. — Das Zaleukusbild
schildert mit grausiger Anschaulichkeit die
Blendung zweier Menschen. In einer Halle,
die sich nach einem sonnenbeschienenen Platz
hin öffnet, sitzt vor einer großen Menge von
Zuschauern ein junger Mann, dem der Hen=
ker das linke Auge ausreißt. Ihm gegen=
über sitzt ein würdevoller Greis in fürst=
licher Tracht auf dem Thron und bietet
sein rechtes Auge der Zange dar. Der Greis
ist Zaleukus, Herrscher von Lokri in Unter=
italien. Seine Gesetze hatten die Strafe des
Verlustes beider Augen auf den Ehebruch
gesetzt, und sein einziger Sohn war dieses
Verbrechens überführt worden. Die Lokrier
baten ihn, Gnade zu üben; und um ihren
Bitten und seinem Vatergefühl Rechnung zu
tragen, ohne daß vom Gesetz abgewichen
würde, bestimmte er, daß sein Sohn das
eine Auge verlieren, er selbst aber das andere
hergeben solle. Wunderbar hat der Künstler
den Gegensatz geschildert zwischen dem Misse=
thäter, der in gräßlicher Qual seine Strafe
erleidet, und dem Helden der Aufopferung,
der sich anschickt, freiwillig dasselbe zu er=

4*

Abb. 52. Erasmus von Rotterdam. Ölgemälde von 1523. Im Louvre zu Paris.
Nach einer Originalphotographie von Braun, Clément & Cie. in Dornach i. E. und Paris.)

dulden. An jenem thut ein Diener der Gerechtigkeit gefühllos, was seines Amtes ist.
Bei diesem untersucht der mit der Voll-
ziehung des Befehls Beauftragte vorher das
Auge mit einer Lupe; man sieht, er wird
sich bemühen, bei der Operation so behutsam
wie möglich zu verfahren. Das Volk blickt
zum Teil mit tiefer Bewegung auf den Fürsten, zum Teil sieht es mit Schauder der
Arbeit des Henkers zu. — Das Blatt im
Baseler Museum, welches die alte Skizzen-
kopie des Zalentus enthält, zeigt uns auch
eine der allegorischen Gestalten, die Holbein
zwischen die Geschichtsbilder einordnete. Es
ist die Figur der Gerechtigkeit. Frau Ju-
stitia steht in einer Architekturlaube und zeigt

mit dem Schwert auf eine im Bogen auf-
gehängte Tafel, auf der in lateinischer Sprache
die Worte stehen: „O ihr Herrschenden, ver-
geßt eure eigenen Angelegenheiten und sorgt
für die öffentlichen!" Auch die übrigen Bilder waren durch Inschriften erläutert. —
Von dem Bilde des Curius Dentatus ist
leider keine Skizze vorhanden, sondern nur
die mangelhafte Abbildung der im Jahre
1817 aufgefundenen Reste. Das Bild muß
prächtig gewesen sein: die Komposition ist
sehr schön. Unter einer offenen Rundbogen-
halle, durch die man weit in die Landschaft
hinaussieht, kniet Curius, mit römischer Feld-
herrenrüstung bekleidet, am Kaminfeuer und
ist im Begriff, sich eigenhändig sein einfaches

Mahl zu bereiten. Da tre=
ten von der Seite die Ge=
sandten der Samniter zu
ihm herein; die beiden
vordersten der prunkhaft
reich — in Renaissance=
tracht — gekleideten Herren
tragen einen großen golde=
nen Pokal und eine mit
Goldstücken gefüllte Schüs=
sel. Der Römer aber wen=
det sich nur eben ein wenig
nach ihnen um und spricht,
auf die vor ihm liegenden
Rüben hinweisend, die
Worte, die in das Bild ge=
schrieben sind: „Ich will
lieber das da aus meinem
Irdengeschirr essen und
denen, die Gold haben, ge=
bieten.“ Unterhalb dieser
Darstellung hat der Maler
den übrigbleibenden Raum
der Wandfläche in eigen=
tümlicher Weise ausgefüllt.
Man sieht die steinerne
Unterwölbung des Fuß=
bodens, auf dem sich der
Vorgang abspielt; vor dem
Kellergewölbe steht der Ba=
seler Ratsdiener, in die
Wappenfarben der Stadt,
schwarz und weiß, gekleidet,
mit dem Wappenschildchen
auf der Brust, und lüftet
grüßend den Hut gegen den
Beschauer. Von der Ori=
ginalausführung sind die

Abb. 53. Die Gemahlin des Herzogs Jehan de Berry. Zeich=
nung in schwarzer und farbiger Kreide nach der bemalten Steinfigur der
Herzogin in der Kathedrale zu Bourges. Im Museum zu Basel. Nach
einer Originalphotographie von Braun, Clément & Cie. in Dornach i. E.
und Paris.)

Köpfe von einigen der Gesandten erhalten;
trotz des schadhaften Zustands kann man da=
ran die prächtige Malerei noch bewundern. —
Von dem Bilde des Sapor ist der eigenhän=
dige Entwurf Holbeins erhalten: eine ge=
tuschte Zeichnung, der durch einige hier und
da hineingesetzte Farbentöne ein lebhafteres
malerisches Aussehen gegeben ist. Der archi=
tektonische Rahmen, der die Darstellung ein=
schließt, zeigt reich verzierte Säulen auf rot
marmorierten Sockelgestellen. Dazwischen hin=
durch sieht man auf einen freien Platz, den spät=
gotische Gebände abschließen. Ritter und be=
waffnetes Fußvolk füllen den Platz. Im Vor=
dergrund steigt der Perserkönig Sapor, in statt=
liche Renaissancetracht gekleidet, auf sein von

einem Stallknecht gehaltenes Roß, indem er
den Rücken des gefangenen Kaisers Vale=
rianus, der mit jammervollem Ausdruck am
Boden kniet, als Schemel benutzt.

In den beiden Jahren, während deren
Holbein im Rathaussaale malte, schuf er
verschiedene Ölgemälde, die der Nachwelt
erhalten geblieben sind. Mit der Jahres=
zahl 1521 ist ein eigentümliches Bild be=
zeichnet, das im Baseler Museum den Blick
des Beschauers unwiderstehlich fesselt: Chri=
stus im Grabe (Abb. 45 und 46). Der Leich=
nam liegt ausgestreckt in dem engen Sarg, dessen
uns zugekehrte Seite fortgelassen ist, ohne
eine andere Unterlage, als ein weißes Tuch
auf dem Boden. Das Innere des Sarges

ist warmgrün angestrichen, und dieser Ton stimmt wundervoll zu den fahlen Fleischtönen des Toten. Über dem Sargdeckel sieht man einen schmalen Strich tiefschwarzen Hintergrunds, und darüber ist, wie mit Goldbuchstaben auf die Kante einer weißen Steinplatte geschrieben, die Inschrift angebracht: „Jesus Nazarenus, Rex Judaeorum." Holbein hat den Leichnam mit dem größten Fleiß nach der Natur gemalt; mit vollkommener Treue hat er die Starre der Glieder, das Leblose der Haut, das verfärbte Gesicht mit den blutleeren Lippen und dem gebrochenen Auge wiedergegeben. Sein Modell war durchaus nicht schön, aber das Bild ist unsagbar schön — freilich nicht im landläufigen Sinne des Worts. Es ist ein Wunderwerk der Malerei. Seine religiöse Bedeutung erhält das Werk allerdings nur durch die Wundmale und durch die Überschrift; von idealer Auffassung ist keine Rede, es war dem Maler sichtlich nur die volle Ausnutzung eines Studiums, das zu machen er wohl nicht oft Gelegenheit fand, zu thun. Sehr richtig hat schon Basilius Amerbach das Gemälde in seinem Verzeichnis aufgeführt als „ein Totenbild mit dem Titel Jesus Nazarenus."

Die Jahreszahl 1522 trägt ein Gemälde, das sich zu Solothurn in Privatbesitz befindet und unter dem Namen „Madonna von Solothurn" bekannt ist (Abb. 47). Zweifellos schmückte dasselbe ursprünglich einen Altar in dem alten, im vorigen Jahrhundert durch einen Neubau ersetzten Münster dieser Stadt. Später fand es sich unbeachtet und verwahrlost in einer Dorfkirche der Nachbarschaft. Es zeigt in einer Anordnung, die derjenigen des Holzschnitts mit den Schutzheiligen von Freiburg (Abb. 40) sehr ähnlich ist, die Jungfrau Maria thronend zwischen den stehenden Gestalten eines Bischofs und eines Ritters; diese beiden sind die Schutzpatrone von Solothurn, der heilige Martin, Bischof von Tours, und der heilige Ursus, einer der Märtyrer von der thebäischen Legion. Der Kopf der Maria ist das holdeste und lieblichste Frauengesicht, das Holbein ersonnen hat. Mit dem Ausdruck der Bescheidenheit und Milde vor sich hinblickend, hält die Jungfrau das köstlich lebenswahre nackte Kind, das den Kopf und die Händchen und Füßchen bewegt, auf dem Schoß. Über ihr hellrotes Kleid wallt in weiten Falten der

blaue Mantel auf die Thronstufe herab, die ein bunter, mit Stifterwappen geschmückter Teppich bedeckt. Der Kopf hebt sich mit dem über die Schultern ausgebreiteten goldfarbigen Haar, auf dem ein feiner, durchsichtiger Schleier liegt, und mit der reichen, mit Edelsteinen und Perlen besetzten Krone von dem lichten Blau der Luft ab, in die man durch einen Rundbogen hinausblickt. Dieser graue Steinbogen ist gegen Holbeins Gewohnheit ganz schmucklos; eiserne Stangen sind in ihn eingespannt, wie um ihn zusammenzuhalten. Vermutlich hatte man durch solche Mittel die Wölbungen der alten Kirche zu festigen gesucht, und Holbein brachte das Bild in Einklang mit dem Bauwerk, welches dasselbe aufnahm. Die beiden Heiligen an den Seiten sind herrliche Gestalten, bewunderungswürdig auch in der Durchführung des Gegensatzes der Charaktere. Martinus ist ein vornehmer Herr und frommer Priester mit einem feinen, geistreichen und liebenswürdigen Gesicht; seine rote Mitra und seine violette Kasel sind mit prächtigen Stickereien geschmückt, die der Maler bis ins einzelste ausgeführt hat; in der linken Hand hält er mit dem Bischofsstab zugleich den Handschuh der entblößten Rechten, die er gebraucht, um Geldstücke in das Holzschüsselchen eines Bettlers zu legen. Der Bettler ist eine zur Darstellung des heiligen Martin gehörende kennzeichnende Beigabe; mit seinem Gefühl hat Holbein von dieser an und für sich nicht in die Vereinigung von Heiligen passenden Gestalt nur das Notwendigste zum Vorschein kommen lassen: das flehende, kümmerliche Gesicht und ein Stück von der Hand, welche die Schüssel zum Empfang der Gabe emporhält. Der heilige Ursus ist ganz Kriegsmann, ehrenfest und unerschütterlich; von Kopf zu Fuß in eine Rüstung, wie sie zu des Künstlers Zeit getragen wurde, gekleidet, umfaßt er mit der Linken den Schwertgriff und hält in der Rechten eine rote Fahne mit weißem Kreuz, die sich in dem glänzenden Eisen vom Helm und Harnisch spiegelt.

Zwei Tafeln mit Einzelfiguren von Heiligen, die sich in der Kunsthalle zu Karlsruhe befinden, augenscheinlich Stücke eines größeren Altarwerks, gehören ebenfalls dem Jahre 1522 an. Das eine Bild, auf dem mit dem Namen des Künstlers die Jahreszahl angebracht ist, stellt die heilige Ursula vor. Gekrönt, mit goldenem Heiligenschein,

Abb. 54. Das Leiden Christi in acht Bildern, Altargemälde (Übersichtsblatt, vergl. die beiden folgend.n Doppel bilder). Im Museum zu Basel.
(Nach einer Originalphotographie von Braun, Clément & Cie. in Dornach i. E. und Paris.)

in fürstlicher Tracht nach dem Modegeschmack der Zeit, steht die Glaubenszeugin, die als Zeichen ihres Märtyrertums eine Anzahl langer Pfeile in den Händen trägt, vor einer weiten Landschaft und einer blauen, von den Zweigen eines Feigenbaums durchschnittenen Luft (Abb. 48). Das Gegenstück zeigt den heiligen Georg, der in antiker Rüstung, mit der Fahne in der Hand, auf dem erlegten Lindwurm steht (Abb. 49).

In dem nämlichen Jahr erschien zum erstenmal ein später noch oftmals gedruckter berühmter Buchtitelholzschnitt von Holbein, die sogenannte Cebestafel. Der griechische Philosoph Cebes — entweder der von Plato erwähnte Schüler des Sokrates oder ein

Späterer gleichen Namens — bringt in seiner Schrift „Das Gemälde" eine ausführliche Beschreibung eines figurenreichen Bildes, das ihm in einem Tempel gezeigt wurde: darin war der Weg des Menschen zur wahren Glückseligkeit dargestellt. Nach dieser Beschreibung hat Holbein das genannte Blatt entworfen (Abb. 50). Eine rings um das Bild laufende Mauer bezeichnet das begrenzte Gebiet des menschlichen Lebens. Außerhalb der Mauer, unten am Bildrand, sieht man eine Schar nackter Kinder. Das sind die Seelen der noch nicht ins Leben eingetretenen Menschen: die Verbildlichung der Seele durch eine Kindergestalt war eine im Mittelalter allgemein gebräuchliche und auch der Zeit

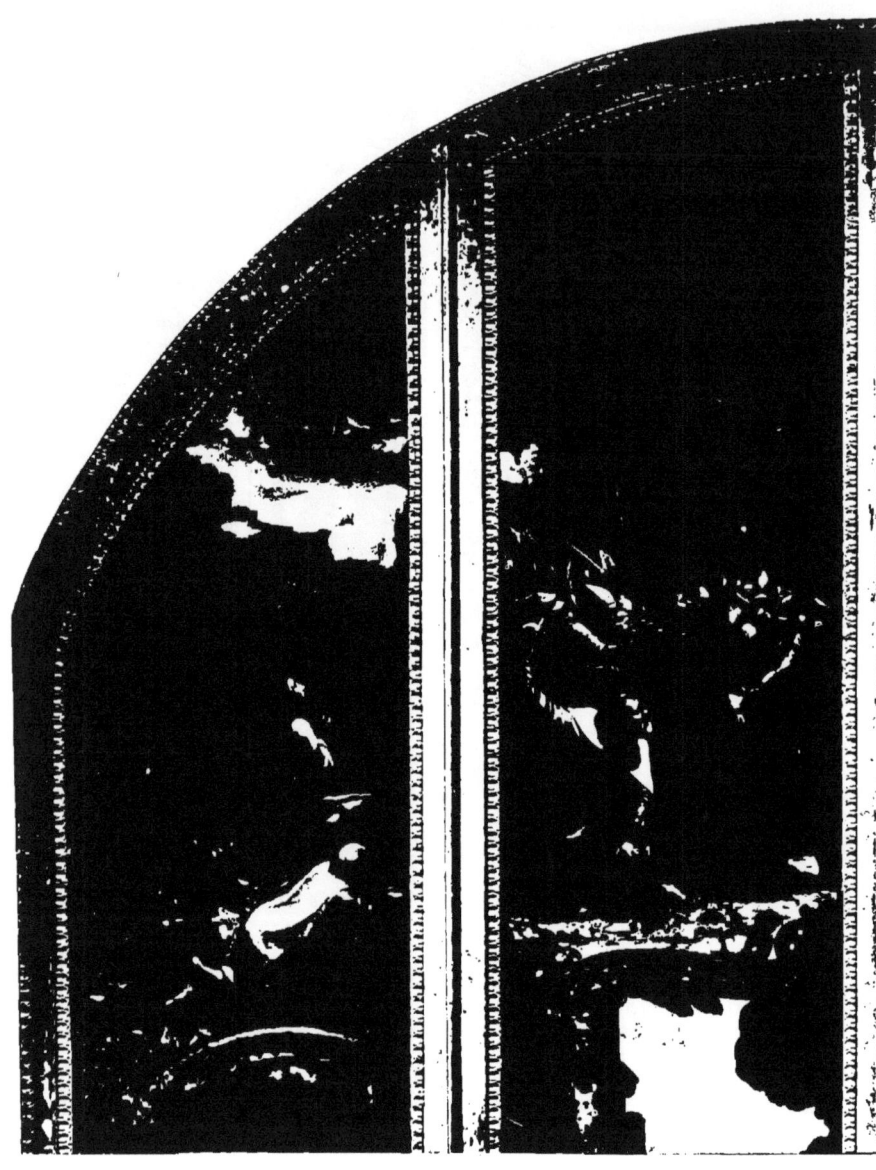

Abb. 55. Obere Hälfte der

fel im Mufeum zu Basel.

(Nach einer Originalphotographie von Braun, Clement & Cie. in Dornach u. Conard Pari

Holbeins noch geläufige Darstellungsform. Den ins Leben Eintretenden empfängt an der Pforte der Genius, der Schutzgeist, dargestellt durch einen würdevollen Greis, der

führung, verbildlicht durch eine reich gekleidete Dame, deren hilfsbereites Gefolge die trügerischen Vorstellungen bilden. Was deren Lockungen bieten, sieht der Mensch, der nun

Abb. 56. Untere Hälfte der

dem Eintretenden einen Zettel überreicht; als Inhalt des Zettels haben wir uns die Mahnungen des Schutzgeistes für den Lebensweg zu denken. Gleich hinter der Lebenspforte fährt die Glücksgöttin auf rollender Kugel daher, Gutes und Schlimmes verteilend; und den Neuling im Leben erwartet die Ver-

in Jünglingsgestalt erscheint, jenseits einer Mauer. Das Thor in dieser Mauer führt ihn in das Gebiet der Wollust, der Habgier und der Unenthaltsamkeit. Nachdem er die aus diesem Bereich führende Pforte durchschritten hat, harren seiner am Wege der Schmerz und die Traurigkeit. Aus deren

Bereich wird er durch die Reue, die sich liebe-
voll seiner annimmt, geleitet. Aber nun
verfällt er der falschen Belehrung, die wieder
als geputzte Dame erscheint. Nur ein schmaler

diese kleine ausdrucksvolle Rückenfigur ist ein
wahres Meisterwerk , und er schreitet
weiter. In der Entschlossenheit und der
Stärke findet er die hilfreichen Kräfte, die

...ionstafel im Museum zu Basel.
Nach einer Originalphotographie von Braun, Clément & Cie. in Dornach i. E. und Paris

Weg und eine enge Pforte in steiler Felswand führen aus diesem Gebiet hinaus;
mit vielfacher Thätigkeit eifrig beschäftigt,
lagern die Scharen derer, die hier das
Lebensziel gefunden zu haben glauben, an
der Felswand. Der Lebenswanderer sieht die
schöne Frau mit scheuer Bewunderung an

ihn durch die enge Felsenschlucht, in der sich
der Ausweg verliert, entziehen. Und jetzt
ist er im Gebiet der wahren Belehrung an-
gelangt. Diese steht wie ein Heiligenbild
gestaltet auf einem Steinsockel; Wahrheit
und Überzeugung sind ihre Begleiterinnen.
Der Lebenswanderer kniet anbetend vor ihr

nieder, und nichts trennt ihn mehr vom Eingang zur Burg der wahren Glückseligkeit. Da wohnen alle Tugenden, und in der Mitte thront die Glückseligkeit, eine von überirdischem Strahlenschein umleuchtete Herrscherin; sie krönt den Wanderer, der an allen Irrungen vorbei den Weg gefunden hat. — Holbein hat seine Holzschnittzeichnungen nur selten mit seinem Namen bezeichnet. Dieses Blatt aber hat er für wichtig genug gehalten, um auf demselben seine Unterschrift in Gestalt eines doppelten H anzubringen.

Die erste Bestimmung von Holbeins Cebestafel war, den Titel der von Erasmus von Rotterdam veranstalteten lateinischen Ausgabe des Neuen Testaments zu schmücken. Daraus erklärt sich die kirchliche Gestaltung der Figuren der wahren Belehrung und der Glückseligkeit. Die Anwendung der Gedanken des griechischen Philosophen auf das christliche Buch entsprach so recht dem Sinn des Erasmus.

In dem nämlichen Jahre 1522 erschien in Basel eine deutsche Ausgabe des Neuen Testaments, ein Nachdruck von Luthers Übersetzung, und auch zu diesem Buch zeichnete Holbein den Titel. Er brachte darauf als Hauptfiguren an den Seiten die Apostel Petrus und Paulus an, in den vier Ecken die Evangelistenzeichen, oben das Wappen der Stadt Basel und unten das Druckerzeichen des Verlegers Adam Petri, ein auf einem Löwen reitendes Kind.

Im März 1523 erschien bei Petri gleichzeitig mit einer neuen Auflage dieser großen Ausgabe eine fein ausgestattete kleine (Oktav-) Ausgabe des Neuen Testaments in der deutschen Übersetzung. Diese war außer mit einem jenem großen Blatt ähnlich komponierten Titel mit den Bildern der vier Evangelisten und mit vier Bildern zur Apostelgeschichte von Holbeins Hand geschmückt. — Im Dezember 1523 gab Petri einen Nachdruck von Luthers Übersetzung des Alten Testaments heraus. Dieses Buch brachte zwischen vielen Bildchen von anderen Zeichnern eine Anzahl Zierbuchstaben und einige Bilder von Holbein, darunter ein besonders schönes Kopfstück zum Anfang des Textes, die Erschaffung der Eva inmitten der übrigen, vollendeten Schöpfungen darstellend. — Eine größere Reihe von Holzzeichnungen lieferte Holbein zu der Ausgabe von Luthers Übersetzung des Neuen Testaments, welche der

Drucker Thomas Wolff ebenfalls im Jahre 1523 veranstaltete. Hier stellte er in der Titeleinfassung eine ganze Anzahl von bildlichen Darstellungen, meistens aus der Apostelgeschichte, zusammen. Dazu kamen einundzwanzig Bilder zur Offenbarung Johannis. Daß es Holbein, trotz seiner sonstigen künstlerischen Selbständigkeit, bei dieser Aufgabe nicht immer gelang, sich von der Erinnerung an Dürers gewaltige Schöpfungen frei zu halten, das kann man ihm nicht zum Vorwurf machen; und daß es ihm nicht gelang, diesem übermächtigen Vorbild gleich zu kommen, namentlich in Bezug auf das Phantastische, das ist begreiflich. Die Schnittausführung der apokalyptischen Bilder ist schlecht. Dagegen ist das Titelblatt mit den zahlreichen kleinen Figuren ein Meisterwerk der Holzschneidekunst. Dasselbe trägt das Zeichen des Formschneiders Hans Lützelburger.

Hans Lützelburger, genannt Franck, stammte wahrscheinlich aus Augsburg. Er scheint erst im Jahre 1523 nach Basel gekommen zu sein. Seine Thätigkeit dort dauerte nur wenige Jahre; im Juni 1526 war er bereits verstorben. In dieser Zeit aber schnitt er fast alles, was Holbein für den Buchdruck zeichnete. Er verstand es meisterhaft, dem Striche des Künstlers aufs genaueste gerecht zu werden, ganz besonders in seinen kleinen Sachen. Nur in den von ihm geschnittenen Blättern kommt die Schönheit von Holbeins Holzschnittzeichnung voll zur Geltung.

Von ihm rührt zweifellos die wunderbar klare Schnittausführung des kleinen Bildnisses des Erasmus von Rotterdam her, das Holbein für den Frobenschen Verlag zeichnete (Abb. 51). Dieses Bildchen in Rundformat, das uns das scharfe Profil und die feinen Züge des vorzeitig gealterten gelehrten Herrn so lebenswahr vor Augen führt, daß die kleine Zeichnung ebenbürtig neben großen Gemälden steht, wird im Jahre 1523 entstanden sein.

In diesem Jahre ließ Erasmus sich mehrmals von Holbein porträtieren. In einem Briefe an Willibald Pirkheimer in Nürnberg erwähnt Erasmus drei Bildnisse, die er ins Ausland an Freunde geschickt habe, zwei nach England und eins nach Frankreich. Die beiden nach England gesandten Porträts sind noch vorhanden. Das

eine befindet sich in einer englischen Privat-
sammlung. Das andere, ist als Geschenk
König Karls I. von England an Ludwig XIII.
nach Paris gekommen und befindet sich jetzt

liegt; sein Blick folgt dem Gange des klassischen Schreibgeräts, des Calamus, dessen
er sich anstatt einer Feder bedient. Jede
Form in dem Gesicht und in den Händen

im Louvremuseum. Dieses ist ein Meisterwerk allerersten Rangs. Erasmus ist in
zwei Drittel Lebensgröße schreibend dargestellt. Eben hat er die Überschrift einer
neuen Arbeit auf ein Blatt Papier gesetzt,
das auf einem Buch als Unterlage vor ihm

ist die Lebenswahrheit selbst. Die Haut ist
fahl, das Haar ergrauend. Die Kleidung
ist dunkel, Schwarz herrscht vor. Den Hintergrund bildet eine dunkelgrüne, hellgrün
und weiß gemusterte Stofftapete neben einem
Stück brauner Holzbekleidung. Der Ju-

zusammenklang der Farben ist das Vollkommenste, was man sich denken kann (Abb. 52).

Das Museum zu Basel besitzt die mit Ölfarbe auf Papier gemalte und nachträglich auf eine Holztafel geklebte Vorstudie zu dem letztgenannten Bildnis des Erasmus. Auch diese Vorstudie ist schon ein fertiges Bild. Sie unterscheidet sich von dem Pariser Porträt, abgesehen von der minder vollendeten Durchbildung der Malerei, nur durch den schlichten Hintergrund und einige Verschiedenheiten in der Kleidung, die für die malerische Wirkung des Ganzen weniger vorteilhaft sind. Nicht ohne Grund ist die Vermutung ausgesprochen worden, daß das Baseler Porträt dasjenige sei, welches Erasmus laut seinem erwähnten Briefe nach Frankreich schickte, und daß der Empfänger desselben Bonifacius Amerbach gewesen sei. Bonifacius hielt sich damals zu neuem Studium in Avignon auf, und aus seiner Sammlung stammt das Baseler Bild des schreibenden Erasmus. In jenem Briefe wird gesagt, daß Erasmus sein Porträt durch den Maler selbst habe nach Frankreich

Abb. 58. Die Geburt Christi. Altarflügel im Münster zu Freiburg i. B. Nach einer Originalphotographie zur Photogr. Kunstverlag von G. Röbcke in Freiburg i. B.)

bringen lassen. Auch dieser Umstand bestätigt die Richtigkeit jener Vermutung, da Holbein ebenso wie Erasmus ein persönlicher Freund Amerbachs war.

Es scheint, daß Holbein diese Gelegenheit zu einer weiteren Reise durch Frankreich benutzte. Zwei Zeichnungen im Baseler Museum erzählen von einem Aufenthalt des Künstlers in Bourges. Diese Zeichnungen zeigen einen Herrn und eine Dame in der Tracht des ersten Viertels des XV. Jahrhunderts, im Gebete knieend. Es sind Abbildungen der Figuren des Herzogs Jehan de Berry (†1416) und seiner Gemahlin, die sich in der Kathedrale von Bourges befinden; zu Holbeins Zeit standen dieselben noch in der eigenen Kapelle der Herzöge von Berry; nach deren Abbruch sind sie im Chorumgang aufgestellt worden. Holbein hat diese Grabmalfiguren, von denen namentlich die weibliche sehr hübsch und ausdrucksvoll ist (Abb. 53), so abgezeichnet, als ob er nach dem Leben zeichnete, und hat mit schwarzer Kreide und ein paar Farbenangaben mit Rot- und Gelbstift eine ganz

Abb. 59. Die Anbetung der drei Weisen. Altarflügel im Münster zu Freiburg i. B.
(Nach einer Originalphotographie im Photogr. Kunstverlag von G. Röbcke in Freiburg i. B.)

Abb. 60. Der Schmerzensmann. Ölgemälde braun in braun. Im Museum zu Basel.
(Nach einer Originalphotographie von Braun, Clément & Cie. in Dornach i. E. und Paris.)

Abb. 61. Die Schmerzen mutter. Ölgemälde braun in braun. Im Museum u. Basel
Nach einer Originalphotographie von Braun, Clément & Cie. in Dornach u. Paris.

Knackfuß, Holbein der jüngere.

Abb. 62. Entwurf zum linken Thürflügel der Orgel des Basler Münsters. Bräunlich getuschte Zeichnung, im Museum zu Basel. (Nach einer Originalphotographie von Braun, Clément & Cie. in Dornach i. E. und Paris.)

zeigt uns ein glattrasiertes, furchiges Gesicht, dessen Formen ziemlich gewöhnlich sind, das aber durch den Ausdruck von Wohlwollen und Klugheit fesselt; das spärliche braune Haar fällt in mäßiger Länge über den Hinterkopf herab.

Die Jahreszahlen 1524 und 1525 finden sich auf keinem erhaltenen Werke Holbeins. So mögen hier mehrere undatierte Gemälde genannt werden, deren Entstehung in diese Zeit fallen kann.

Als die Krone von Holbeins Schöpfungen galt jahrhundertelang eine Zusammenstellung von acht kleinen Bildern aus der Leidensgeschichte Christi in einem Rahmen (Abb. 54, 55 und 56). Das Gemälde wurde von jeher im

lebendige, malerische Wirkung hineingebracht.

Ein viertes Bildnis des Erasmus, das Holbein um dieselbe Zeit malte, zeigte in einem Doppelbild den gelehrten Schriftsteller und seinen verdienstvollen Verleger Froben. Als Geschenk für den letzteren wurde es von Erasmus bestellt. Dieses Gemälde ist verschollen. Eine Kopie des Ganzen befindet sich in England und eine Kopie des Brustbildes Frobens allein im Museum zu Basel. Die letztere Kopie ist in Bezug auf die Farbe sehr schlecht. Aber immerhin ist es interessant, aus ihr das Aussehen des Mannes kennen zu lernen, der Holbein zu so vielen Schöpfungen Veranlassung gegeben hat. Johannes Froben, der mit übereinander geschlagenen Armen in einem schwarzen, mit braunem Pelz gefütterten Überrock dasitzt,

Rathaus zu Basel aufbewahrt. Da es aber aller Wahrscheinlichkeit nach nicht für das Rathaus, sondern für eine Kirche gemalt worden ist, so nimmt man an, der Rat habe dasselbe an sich genommen, um es vor der Beschädigung oder Vernichtung durch den Bildersturm, den Basel im Jahre 1529 erlebte, zu retten. Kurfürst Maximilian I. von Bayern, jener eifrige Kunstsammler, der von der Stadt Nürnberg Dürers Apostel erhandelte, wollte die Passionstafel um jeden Preis in seinen Besitz bringen. Aber die Basler ehrten das Andenken ihres großen Künstlers besser als das Nürnberger das Vermächtnis Dürers und schickten die kurfürstlichen Abgesandten mit einem höflichen, aber glatt abschlägigen Bescheid heim. Die Tafel verblieb im Besitz der

Stadt und erzählte jedem Besucher des Rathauses ihres Meisters Ruhm und Ehre, wie Joachim von Sandrart in seiner „Teutschen Akademie" (1675) sagt, als „ein Werk, darin alles, was unsere Kunst vermag, zu finden ist," und das „keiner Tafel, weder in Deutschland noch Italien, weichen darf." Das dauerte bis zum Jahre 1771. Da wurde das Gemälde durch Ratsbeschluß an die Kunstsammlung, die sich jetzt im Museum befindet, abgegeben. Bei dieser Gelegenheit verfiel es dem Schicksal, daß es vor der Überführung einer „gründlichen Restauration" unterworfen wurde, bei der es des besten Teils seiner Schönheit beraubt wurde. Der restaurierende Maler hat zwar die Zeichnung in aner-

Abb. 63. Entwurf zum rechten Thürflügel der Orgel des Baseler Münsters. Bräunlich getuschte Zeichnung Im Museum zu Basel. (Nach einer Originalphotographie von Braun, Clément & Cie. in Dornach i. E. und Paris.)

kennenswerter Weise geschont, aber die Farbe hat er zerstört. Gewiß hat er bei seiner Auffrischungsarbeit das, was rot war, rot, was blau war, blau übermalt u. s. w., aber er hat alle Töne verstimmt, und dazu durch seinen glatten Auftrag den feinen Reiz von Holbeins malerischer Behandlung vernichtet. Durch das bunte, harte Mißgetön von Farben hindurch ist der Zauber Holbeinscher Farbenmusik nicht mehr zu vernehmen. Ein schönheitsempfindliches Auge muß die Verletzung durch dieses entseelte Kolorit erst überwinden, ehe es dazu gelangt, die sonstigen großen Schönheiten der Tafel zu genießen. Was zunächst auffällt, ist die bewunderungswürdige Art und Weise, wie die acht verschiedenen Bildchen, die in zwei Reihen übereinander stehen, in der Quere durch ge-

malte Goldornamente, senkrecht durch plastische Rahmenleisten getrennt, als ein malerisches Ganzes zusammenkomponiert sind. Jede der acht Darstellungen, die mit großem Geschick dem Hochformat der einzelnen Felder angepaßt ist, ist ein in sich abgeschlossenes Bild, das seine abgerundete malerische Wirkung von Hell und Dunkel besitzt, das ganz für sich allein als Kunstwerk bestehen könnte. Zugleich aber geht eine einheitliche malerische Wirkung durch das Ganze, die Helligkeiten und Dunkelheiten sind so verteilt, daß auch die ganze Tafel sich dem Auge als ein abgerundetes malerisches Kunstwerk darbietet. Im einzelnen stellt sich jede Komposition als ein Meisterwerk von Leben und Ausdruck dar. Verschiedenartige Beleuchtungswirkungen sprechen lebhaft mit. Auf dem ersten Bildin hellem Tageslicht sich ausdehnende Ferne mit Hochgebirge; hinter den aufgerichteten Kreuzen dagegen ist der verfinsterte Himmel völlig schwarz. Den Schluß bildet die Grablegung; die Männer tragen den heiligen Leichnam über eine grüne Wiese zu dem in einem gelben Felsen sich öffnenden Grufteingang; Maria steht weinend bei ihrer Begleitung an einem Tannenbäumchen, das in einer Spalte des Felsens Wurzel gefunden hat.

Diesen Passionsbildern ist in der Auffassung wie in der malerischen Empfindungsweise ein kleines Gemälde nahe verwandt, das in der Sammlung des Schlosses Hamptoncourt bei London vor kurzem sozusagen neu entdeckt worden ist. Sein Gegenstand ist ebenfalls der Leidensgeschichte Christi entnommen: die Erscheinung des Auferstandenen vor Maria Magdalena (Abb. 57). Es ist ein wunderbares Meisterwerk malerischer Poesie. Großartig ist die landschaftliche Stimmung der „Frühe,

Abb. 61. Maria mit dem Kinde. Getuschte und mit Weiß gehöhte Federzeichnung auf grau grundiertem Papier. Im Museum zu Basel. (Nach einer Originalphotographie von Braun, Clément & Cie. in Dornach i. E. und Paris.)

chen, Christi Gebet am Ölberg, erscheint der Engel mit dem Kelch in einer Lichtöffnung des nächtlichen Himmels. In den beiden folgenden, der Gefangennahme und der Vorführung Christi vor den Hohenpriester, geht die Beleuchtung von Fackeln aus; auf jenem überspielt das Fackellicht die unteren Äste eines Baumes, dessen Krone in Finsternis verschwindet; auf diesem irrt es in den phantastischen Formen einer Holbeinschen Renaissancearchitektur umher. Auch das vierte und das fünfte Bild, die Geißelung und die Verspottung Christi, umgeben die Figuren mit reichen Architekturphantasien. Bei den zwei nächsten Darstellungen, der Kreuztragung und der Kreuzigung, sind die unteren Hälften der Bilder ganz mit Figuren angefüllt; darüber sieht man dort einen runden Thorturm der Stadtmauer und eine

da es noch finster war." Und ebenso großartig und ergreifend ist der Ausdruck der Figuren. „Da wandte sie sich und sprach zu ihm: ‚Rabbuni!‘ Jesus aber sprach zu ihr: ‚Rühre mich nicht an!‘" Seitwärts sieht man den vom Grabe weggewälzten Stein, und durch die niedrige Grabesöffnung gewahrt man, was Maria Magdalena, als sie gebückt hineinblickte, gesehen hatte, die zwei Engel in weißen Kleidern, einen am Kopf- und einen am Fußende. In der Ferne gehen die beiden Jünger, die vorher am Grabe gewesen waren, wieder fort nach Hause; in der Art, wie die beiden miteinander sprechen, ist die Verschiedenheit des Eindrucks, den der Befund des Grabes auf sie gemacht hat, in treffender Weise gekennzeichnet, im genauesten Anschluß an den Wortlaut der Erzählung im Johannesevan-

Abb. 65. Heilige Familie. Tuschzeichnung mit weiß aufgesetzten Lichtern auf rot grundiertem Papier
Im Museum zu Basel.
(Nach einer Originalphotographie von Braun, Clément & Cie. in Dornach i. E. und Paris.

Abb. 66. Die Kreuzschleppung. Tuschzeichnung mit weiß aufgesetzten Lichtern auf grauem Grund. Im Museum zu Basel.
(Nach einer Originalphotographie von Braun, Clément & Cie. in Dornach i. E. und Paris.)

gelium, wie alles in diesem Bilde: Johannes „sah und glaubte,“ Petrus ist noch nicht von der Thatsache der Auferstehung überzeugt, darum redet er so eifrig.

In die Gruppe der in reicher malerischer Helldunkelwirkung komponierten religiösen Bilder gehören ferner zwei Altarflügel, die sich im Münster zu Freiburg im Breisgau befinden. Aus den Wappen der Geschlechter Oberriedt und Zscheckapürlin, die auf ihnen neben den Bildnissen der Stifterfamilie unterhalb der eigentlichen Darstellung angebracht sind, ergibt sich, daß Holbein diese Gemälde im Auftrag des Baseler Ratsherrn Hans Oberriedt, der mit einer Zscheckapürlin vermählt war, malte. Aus der Form der Bilder ergibt sich, daß sie sich an den beiden Seiten eines oben bogenförmig begrenzten Mittelbilds befunden haben, das mit diesen Flügeln geschlossen werden konnte. Zweifellos wurde das ganze Werk von dem Besteller in irgend eine Kirche Basels gestiftet. Hans Oberriedt verließ infolge der wilden Religionsstreitigkeiten des Jahres 1529 seine

Vaterstadt und siedelte nach Freiburg im Breisgau über. Wahrscheinlich war er es, der die Flügelbilder vor dem Bildersturm, dem die größere Mitteltafel zum Opfer gefallen sein muß, rettete, um sie mit in die neue Heimat zu nehmen und auch dort wieder auf einem Altar aufzustellen. Damit kamen die Bilder aber noch nicht zu dauernder Ruhe. Während des dreißigjährigen Krieges wurden sie nach Schaffhausen geflüchtet. Kurfürst Maximilian I von Bayern ließ sie sich zur Besichtigung nach München bringen, und Kaiser Ferdinand III. ließ sie sich in Regensburg zeigen. Im Jahre 1796 wurden sie von den Franzosen aus Freiburg entführt, 1808 aber zurückgegeben. Sie fanden dann ihre Aufstellung auf dem Altar der sogenannten Universitätskapelle im Chor des Freiburger Münsters. Es sind dies die einzigen Kirchenbilder Holbeins, die noch an geweihter Stätte zum Beschauer sprechen. Und dabei ist vielleicht gerade in ihnen weniger religiöse Stimmung als in anderen; der Künstler hat sich bei ihrem Gestalten mehr dem rein malerischen Reiz, als der Innerlichkeit der Empfindung hingegeben. Die Gegenstände der beiden Gemälde, bei denen ebenso wie bei der Passionstafel der Figurenmaßstab sehr klein ist, sind die Geburt Christi und die Anbetung der drei Weisen aus dem Morgenland. Die Geburt (Abb. 58) ist in die Ruine eines antiken Pracht= gebäudes verlegt. Die Beleuchtung geht von dem Kindlein aus, das auf weiße Windeln gebettet liegt. Das übernatürliche Licht be= strahlt mit weicher Helligkeit die Gestalten von Maria und Joseph, die sich in Be= wunderung und seliger Andacht über das Kind beugen, und eine Schar kleiner Eng= lein, die dasselbe umjubeln. Es streift das Gesicht und die Schulter eines Hirten, der sich schüchtern hinter eine Säule gedrückt hält, solange seine Gefährten noch nicht da sind, denen draußen in der Ferne die Licht= gestalt eines Engels die frohe Botschaft bringt. Mit unverminderter Kraft strahlt das Licht über die nächste Umgebung des Kindes hinaus und läßt die marmornen Glieder des Gebäudes bunt und vielgestaltig aus dem zerteilten Dunkel hervortreten. Am Himmel steht der Mond. Aber er läßt seinen Schein nicht in Widerstreit treten mit jenem heiligen Licht. Auch der Mond hul= digt dem als Kind geborenen Herrn der Welt, indem er sich vor ihm verneigt: die Mondscheibe — selbstverständlich ist der Mond als Scheibe, nicht als Kugel gedacht — wendet

ihre Fläche nach unten, dem Kinde zu, so daß sie sich dem Beschauer in der Verkürzung zeigt. Ein anderer origineller Künstlergedanke ist der, bei den kleinen Englein die Ver= bindung der Flügel mit der Menschengestalt dadurch naturgemäßer zu machen, daß die Schwingen sich aus den Armen entwickeln, statt, wie sonst, als besondere Glieder aus den Schultern hervorzugehen. Auf dem an= deren Gemälde (Abb. 59) bildet der Stern, der die drei Weisen geführt hat, das Gegen= stück zu dem Mond der heiligen Nacht: groß und goldig strahlend steht er am hellen Mittagshimmel zwischen weißen Wolken. Einer der Begleiter der Ankömmlinge hält sich die Hand über die Augen, um nach seinem Glanz emporzusehen. Der Schau= platz des Vorgangs ist wieder eine antike Ruine, aber hier von außen gesehen und schlichter in den Formen. Eine malerisch prächtige Erscheinung ist der weiß gekleidete Mohrenkönig, der als der jüngste von den dreien wartet, bis die anderen ihre Gaben dargebracht haben. Der älteste, ein lang= bärtiger Greis in rotem Rock und Hermelin= kragen — seine Gestalt ist merkwürdig un= gefällig gezeichnet —, überreicht kniend sein Geschenk dem auf Marias Schoße sitzenden Kind, das aufmerksam herabsieht. Der zweite der drei Weisen, ein dunkelbärtiger kräftiger Mann, der eine weiße Binde mit wehenden Enden um die Krone geschlungen trägt, schickt sich an, vorzutreten, um die Stelle des Greises

Abb. 67. Der kreuztragende Christus. Holzschnitt einziges Exemplar im Museum in Basel.

Abb. 68. Nackte Figur von unbekannter Bedeutung. Zeichnung auf röttlichem Papier, weiß gehöht. Im Museum zu Basel. (Nach einer Originalphotographie von Braun, Clément & Cie. in Dornach i. E. und Paris.)

einzunehmen, sobald dieser aufgestanden sein wird. Es scheint, daß dieses Bild durch Ausbesserungen stärker beschädigt ist, als das andere.

Während Holbein in den genannten Gemälden mit reichen Farben und vollen Gegensätzen von Hell und Dunkel arbeitete, begnügte er sich in anderen Fällen mit einfarbiger oder fast einfarbiger Ausführung, um die beabsichtigte künstlerische Wirkung zu erzielen. Im Baseler Museum befinden sich zwei kleine Ölgemälde braun in braun, die als Doppeltafel zum Zusammenklappen miteinander verbunden sind und ein einheitliches Ganzes bilden. Solche Klapptäfelchen dienten zum Aufstellen bei häuslicher Andacht. Da sind in tiefer Empfindung und in feinster Ausführung Christus als Schmerzensmann und Maria als schmerzenreiche Mutter dargestellt. Die beiden Figuren befinden sich in einer phantastisch reichen Renaissancehalle; die Luftdurchblicke zwischen den Säulen dieser Architektur hat Holbein blau gemalt, und durch diese mit seinem künstlerischen Geschmack verteilten blauen Flecken in dem sonst einfarbigen Bild hat er in dasselbe eine reizvoll malerische Belebung gebracht. Der nackte Christuskörper ist mit fleißigem Studium ausgeführt. Maria, die sich mit erhobenen Händen nach ihrem duldenden Sohne umsieht, ist in Kopf, Händen und Gewandung außerordentlich schön (Abb. 60 und 61). Eigentümlich ist es, daß bei dieser Doppeltafel, die bei ihrer Kleinheit doch nicht in großer Höhe aufgestellt werden konnte, der Horizont unterhalb des Bildes angenommen ist. Vielleicht muß man sie auf Grund dieses Umstands als Entwurf oder Wiederholung einer Ausführung in großem Maßstab, die für eine hohe Aufstellung berechnet war, ansehen.

Braun in braun ohne jede andere Farbenzuthat sind zwei große Bilder ausgeführt, die, auf Leinwand gemalt, die Innenseiten der Thüren bekleideten, durch die das Gehäuse der Orgel im Baseler Münster verschließbar war. Die eigentümliche Form dieser Thüren hat Holbein mit großem Geschick ausgefüllt; durch die Einordnung von mächtigen, schwungvollen Ornamenten in die unregelmäßige Fläche einer jeden Thür hat er sich ein annähernd symmetrisches Bildfeld geschaffen, in das er an beiden Seiten je eine überlebensgroße Heiligenfigur stellte, während er den zwischen diesen verbleibenden niedrigen Raum mit auf den Ort bezüglichen Darstellungen füllte. In dem linken Flügel stehen Kaiser Heinrich II., der Gründer des Baseler Münsters, und seine Gemahlin Kunigunde; zwischen ihnen sieht man das Münster selbst. In dem rechten Flügel steht einerseits die Jungfrau Maria, mit der Himmelskrone auf dem Haupt und mit dem Jesuskind, das sich kosend an sie schmiegt, in den Armen, andererseits der Bischof Pantalus; in der Mitte ein Konzert von köstlichen Kinderengeln, die gleichsam die Klänge der Münsterorgel mit Himmelsmusik begleiten. Auch in diesen Bildern liegt, wie es streng genommen bei Gemälden, deren Aufstellungsplatz ihre Fußbodenlinie über die Köpfe der Beschauer hinausrückt, immer der Fall sein müßte, der Horizont unter der Bodenlinie;

Abb. 69. Kampf von Landsknechten. Zeichnung, im Museum zu Basel.
Nach einer Originalphotographie von Braun, Clément & Cie. in Dornach i. E. und Paris.

Holbein hatte diese sonst im allgemeinen selten beachtete Rücksichtnahme auf die Gesetze des Sehens wohl aus Werken des Mantegna, der in dieser Beziehung sehr gewissenhaft war, gelernt. Die Orgelthüren haben den Bildersturm überdauert, wohl weil die Zerstörer in ihnen keine Andachtsbilder, sondern lediglich Schmuckstücke sahen. Sie sind erst in unserem Jahrhundert, als die alte Orgel durch eine

im Museum zu Basel befinden, annehmen, daß in ihnen Entwürfe zu Gemälden, die der Bildersturm vernichtet hat, erhalten seien.

Da ist ein Bildchen der Jungfrau Maria, die dem Jesuskind die Brust reicht, auf grau grundiertem Papier mit schwarzer und weißer Wasserfarbe ausgeführt, in einem nur durch die Umrisse zweier Säulen angedeuteten Architekturgehäuse (Abb. 64). Dann ein

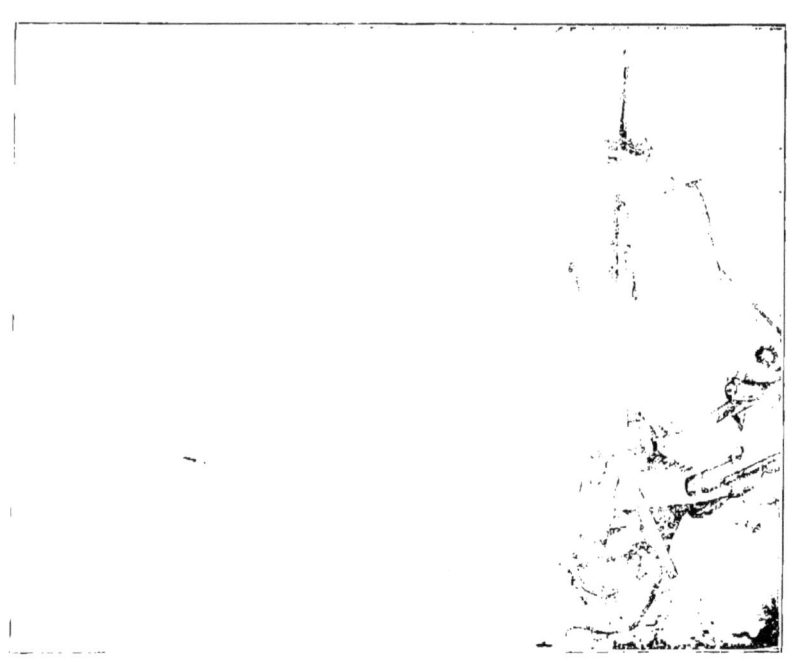

Abb. 70. Ein zur Abfahrt bereites Schiff mit Bewaffneten. Tuschzeichnung, im Städelschen Museum zu Frankfurt a. M.

neue ersetzt wurde, von ihrem Platz entfernt und in das Museum gebracht worden. Aber sie sind durch eine im XVII. Jahrhundert vorgenommene Übermalung und durch Gebrauchsbeschädigungen verunstaltet. Doch kann man sie noch voll würdigen, wenn man die unter den Handzeichnungen des Museums befindlichen Entwürfe betrachtet, die durch ihre Austuschung mit brauner Wasserfarbe auch den Farbeneindruck der großen Ausführungen andeuten (Abb. 62 und 63).

Vielleicht darf man noch bei mehreren, mit großer Sorgfalt ausgeführten Kompositionen, die sich unter Holbeins Zeichnungen

durch desto prächtigere Ausarbeitung der Architektur ausgezeichnetes Blatt, in dem eine heilige Familie dargestellt ist. Das Christuskind macht zwischen der Mutter Maria und der Großmutter Anna seine ersten Gehversuche, denen außer den beiden Frauen auch der alte Joachim zusieht. Die Beleuchtung ist als schräg von hinten einfallend angenommen, und das Spiel der vielen scharfen Lichter, die mit weißer Farbe in die auf rotem Grund getuschte Zeichnung kräftig hineingesetzt sind, geben dem Bild einen eigenen Reiz (Abb. 65). Bei diesen beiden Blättern liegt der Horizont wieder unter-

Abb. 71. Das Totentanzalphabet. Holzzeichnungen, geschnitten von Hans Lützelburger.
(Originalgröße.)

halb der Fußlinie. Vielleicht sind es Entwürfe zu hoch angebrachten Wandmalereien;
dafür scheint der dekorative Charakter der

Darstellungen zu sprechen und auch die
schräge Perspektive, die hier wie dort darauf schließen läßt, daß zu dem Bilde eine

Abb. 72. Der Tod und der Matzer.
Aus der Holzschnittfolge „der Totentanz".
(Originalgröße.)

rechts davon liegende, die Mitte von einem
größeren Ganzen enthaltende Hauptdarstellung
gehörte. — Wieder ein Bild aus der Leidensgeschichte des Heilands, in Schwarz und
Weiß auf grauer Grundierung ausgeführt:
die Kreuzschleppung. Christus ist unter der
Last zu Boden gestürzt; mühsam hält er
sich auf den Händen, und stöhnend blickt er
empor, vergeblich nach Mitleid suchend unter
der Schar der gefühllosen, teils gleichgültigen,
teils grausam rohen Begleiter (Abb. 66).
Man mag mit dieser Zeichnung den ergrei-
send schönen, nur in einem einzigen Exemplar (im Baseler Museum) vorhandenen Holzschnitt vergleichen, in dem der unter dem
Kreuz zusammengesunkene Christus allein
dargestellt ist, nicht als eine Figur aus einem
geschichtlichen Vorgang, sondern als ein
Mahner, der die bittere Klage, die aus seinen
Augen spricht, an den Beschauer richtet
(Abb. 67).

Unverständlich ist die Bedeutung einer
Zeichnung, die in sorgfältiger Tuschausfüh-
rung auf rötlichem Papier ein nacktes Weib
zeigt, das, in lebhafter Bewegung neben
einer Säule vortretend, in jeder Hand einen
Stein wie zum Hinabwerfen hält. Eine
lediglich zur Belehrung gemachte Naturstudie
ist es, trotz der fleißigen Durcharbeitung
der einzelnen Formen, nicht; eine solche
würde Holbein mit schärferer Treue gezeichnet haben. Es muß auch eine Vor-

arbeit zu irgend einer Malerei sein, in der
die Figur wohl nur einen Teil einer größeren
Komposition bildete. Jedenfalls hat es an
und für sich immer ein künstlerisches Interesse, eine von Holbein entworfene nackte
Gestalt zu sehen (Abb. 68).

Wohl nicht zu einem bestimmten Zweck
ersonnen, sondern nur aus Freude an der
Sache entworfen sind mehrere, in verschiedenen Sammlungen befindliche Darstellungen
aus dem Leben der Schweizer Landsknechte,
in leichter Ausführung mit höchster Lebendigkeit hingezeichnete Blätter. Das Baseler Museum besitzt eine ganz wundervolle Schilderung eines Zusammenstoßes zweier Lands-
knechthaufen: auf der einen Seite suchen
die Männer mit den langen Spießen eine
geschlossene Verteidigungsstellung zu behaupten, von der anderen drängen sie in wuch-
tigem Haufen heran, in der Mitte raufen
die Katzbalger, die verlorenen Gesellen. Das
ist mit einer so packenden Lebendigkeit zur
Anschauung gebracht, als ob der Zeichner
Selbsterlebtes erzählte. Auch die Art der
Ausführung trägt zur Lebendigkeit des Eindrucks bei: in schneller und sofort sicherer
Führung des Tuschpinsels hat der Zeichner
mit Strichen und Tönen die vorderen Figuren
in allem Gewühl und Getümmel klar erkennbar
auseinander gehalten, und die weiter zurück-
stehenden, die in der Wirklichkeit ein Staub-
schleier dem Beschauer undeutlich machen
würde, hat er nur in flüchtigen, gleichsam

Abb. 73. Der Tod und der Schiffer.
Aus der Holzschnittfolge „der Totentanz"

zitternden Umrissen angedeutet (Abb. 69).
Zu den Landsknechtsbildern gehört auch die
Abbildung eines Schiffes, die sich im Stä=
delschen Museum zu Frankfurt befindet.
Das augenscheinlich nach der Wirklichkeit
gezeichnete Fahrzeug ist in Bereitschaft, den
Hafen zu verlassen, um eine Schar von Be=
waffneten, deren Tracht die des Schweizer
Kriegsvolks ist, in die Ferne zu führen.
Der Hauptstrom der Schweizer Reisläufer
ging damals nach Frankreich; Holbein mag,
wenn er in Avignon seinen Freund Amer=
bach besuchte, von dort aus leicht Gelegen=
heit gefunden haben, einen solchen Vorgang,
wie er ihn hier schildert, zu sehen. Schon
blähen sich die Segel des Schiffes, eilig
rudert zum letztenmal ein Boot heran,
um, was nicht an Bord gehört, zurückzuholen.
Die Eingeschifften haben den Abschied vom
Lande kräftig gefeiert, jetzt gilt es, das
Scheiden kurz zu machen. Der Trommler
und der Pfeifer lassen vom Heck die Marsch=
musik der Landsknechte ertönen, der Fähn=
rich schwingt grüßend das große Banner.
Unter der Schiffsmannschaft treibt noch ein
Abschiedstrunk in großen Kannen, bis zum
Mastkorb hinauf. Daß, nach der Bauart
des Schiffes, die Figuren im Verhältnis zu
diesem etwas zu groß geraten sind, mag
man dem Zeichner gern verzeihen (Abb. 70).
Der Reichtum von Holbeins Erfindungs=
gabe und die Leichtigkeit seines Schaffens
fanden die dankbarste Verwertung in der

Zeichnung für den Holzschnitt. Diejenigen
seiner Arbeiten für den Buchdruck, die am
weitesten in der Welt bekannt geworden
sind, gehören fast alle der Zeit von 1523
bis Anfang 1526 an. Wenn auch die
meisten von ihnen erst in späteren Jahren
veröffentlicht worden sind, so beweist doch
der Umstand, daß sie von der Hand Lützel=
burgers geschnitten sind, ihre Entstehung in
jener Zeit.

Mit zu den ersten Schnittausführungen
Holbeinscher Zeichnungen durch Lützelburger
gehört das sogenannte Totentanzalphabet.
Einzelne Buchstaben aus diesem erschienen schon
in Drucken des Jahres 1524. Holbein be=
folgte bei seinen Buchstabenzeichnungen, die
den Zweck hatten, die Texte gedruckter Bücher
nach dem Vorbild der gemalten Initialen
in mittelalterlichen Handschriften zu schmücken,
immer eine gleiche Art der Anordnung. Den
Buchstaben selbst, den er stets in der eigent=
lichen Renaissancegestalt, das ist in der klas=
sischen Form der alten lateinischen Schrift,
bildete, ließ er unverziert: die Ausschmückung
gab er ihm durch ein quadratisches Figuren=
bildchen, das den Hintergrund für den Buch=
staben bildet, ohne eine andere Verbindung
zwischen dem Bildchen und dem Buchstaben,
als die des künstlerischen Zusammenklangs
der Linien. Gern zeichnete er ganze Alpha=
bete in der Weise, daß die 24 Bildchen
für U und V gab es nur ein Zeichen, eben=
so wie für I und J — eine in sich zu=

Abb. 76. Der Tod und der Ackermann.
Aus der Holzschnittfolge „der Totentanz".

sammenhängende Folge bildeten. So hat
er zum Beispiel ein Alphabet mit den ver=
schiedenen Berufsarten des Menschen, in
Kinderspiel eingekleidet, ein anderes mit den
belustigenden Vorgängen einer Bauernkirmeß
geschaffen. Den meisten Beifall aber fand
er mit dem Alphabet, in dem er die Gewalt
des Todes über alle Stände zum Thema
der Bildchen nahm.

Das Thema war sehr volkstümlich. Bis
in das XIV. Jahrhundert lassen sich die
Anfänge der sogenannten Totentanzdarstel=
lungen zurückverfolgen. Es waren Bilder,
die die Nichtigkeit alles Irdischen dadurch
veranschaulichten, daß sie den Gestalten Le=
bender die Gestalten von Toten gegenüber=
stellten, die einst dasselbe gewesen waren
wie jene und jetzt nichts mehr besaßen als
die nackte Häßlichkeit verwesender oder ein=
getrockneter Leichname. Im XV. Jahrhundert
ließen besonders die Predigermönche oftmals
ganze Reihen von solchen Paaren an ge=
eigneten Stellen, in der Vorhalle der Kirche,
im Klostergang oder wo sonst sie von vielen
gesehen werden konnten, an die Wand malen;
erläuternde Verse, volkstümlich gefaßt, wurden
dazu geschrieben. In den Versen sprachen
die Toten mit den Lebenden, in den Bildern
reichten sie ihnen die Hand. Das waren
Bilderpredigten, die den Beschauer zum Den=
ken an das Ende mahnen sollten und da=
durch, daß in den dargestellten Personen

alle Stände, geistliche und weltliche, von
den höchsten bis zu den niedrigsten, gekenn=
zeichnet wurden, auf die Gleichheit aller im
Tode hinwiesen. Die Reihen von Paaren
bildeten gleichsam einen Reigen. Daraus
entwickelte sich von selbst der Gedanke, die
ganze Darstellung als einen Tanzreigen auf=
zufassen; die Zeit liebte die Würze des Hu=
mors auch in sehr ernsten Dingen. Beim
Reigen durfte der Spielmann nicht fehlen.
Der aber hier zum Tanze fiedelte, war der
Tod selbst, als persönliches Wesen gedacht
und ebenfalls in der Gestalt einer lebenden
Leiche gebildet. Diese Bilder waren die
eigentlichen Totentänze. Auch Basel besaß
zu Holbeins Zeit einen berühmten Toten=
tanz, der sich an der Kirchhofsmauer des
Predigerklosters befand und der eine freie
Nachbildung eines noch älteren Werkes im
Nonnenkloster Klingenthal zu Klein=Basel
war. Der Name ist an dem ganzen Kreise
von Darstellungen haften geblieben, obgleich
seit dem Beginn des XVI. Jahrhunderts die
Darstellungsweise sich wesentlich veränderte.
In den entsprechenden Bildern, welche die
Künstler dieser Zeit, und so auch Holbein,
entwarfen, treten keine Toten mehr auf, und
es wird auch nicht mehr getanzt. An Stelle
des Toten ist es der Tod, der in jedem
Bilde sich dem Lebenden gesellt.

Holbein stellte den Tod in der letzten
zusammenhängenden Form, die eine Leiche

Abb. 77. Der Tod und die Spieler.
Aus der Holzschnittfolge „der Totentanz".

haben kann, als kahles Gerippe dar. Ver=
einzelt waren auch schon andere auf diese
Form gekommen, zum Beispiel Dürer in
einer großartigen Zeichnung vom Jahre 1505.
Das war ein glücklicher Künstlergriff; denn
nichts konnte unheimlicher wirken, als wenn
ein Knochengestell, dem alle Mittel der Be=
wegung fehlten, sich dennoch bewegte, aus
eigener unerklärbarer Kraft. Holbeins ana=
tomische Kenntnisse waren freilich gering.
Die Gerippe, die er zeichnete, wimmeln von
Unrichtigkeiten. Aber er schuf diese Dar=
stellungen ja auch nicht, um mit wissen=
schaftlichen Kenntnissen zu prunken. Den
künstlerischen Zweck erreichte er mit seinen
fehlerhaften Gerippen so vollkommen, wie
kaum jemals ein anderer, der Ähnliches ver=
sucht hat. Er verstand es meisterhaft, dem
leeren Knochengerüst den Anschein eines
lebenden Wesens zu geben; die tiefen Schatten
der leeren Augenhöhlen und das scheinbare
Grinsen der fleischlosen Kiefer gaben ihm
die Mittel, einen eigentümlich drastischen
Gesichtsausdruck hervorzuzaubern, der in
seiner Mannigfaltigkeit alles Mienenspiel
ersetzt.

Sein Totentanzalphabet (Abb. 71) be=
ginnt im A mit einer Erinnerung an die
wirklichen Totentanzbilder: der Tod spielt
auf zum Reigen; dabei erscheint der Tod
nicht als ein nur in der Einzahl vorkommen=
des Wesen, es sind ihrer mehrere. Auch in

vielen der folgenden Bildchen arbeitet der
Tod mit Gehilfen. Mit wilder Lust, oft
mit grausig höhnendem Spott fällt der
Knochenmann über seine Opfer her, über
die Menschen aller Lebensstellungen. Er
ergreift den Papst, den Kaiser, den König,
den Kardinal, die Kaiserin, die Königin,
den Bischof, den Fürsten, den Ritter, die
Edelfrau, den Gelehrten, den Kaufmann,
den Mönch, den Soldaten, die Nonne, den
Schalksnarr und die leichtfertige Dirne: er
gießt einem Säufer den letzten Trunk in
die Kehle, springt hinter dem Reisenden
aufs Pferd, führt den Klausner freundlich
von dannen, gesellt sich in Begleitung eines
Teufels zu Spielern und holt das Kind aus
der Wiege. Den Schluß bildet im Z das
Jüngste Gericht.

Diese winzigen Bildchen sind in der
That große Meisterwerke. Welcher Reichtum
der dichterischen Erfindung, welche Kraft
der Kennzeichnung, welche packende Leben=
digkeit der Schilderung ist in jeder der in
so engen Raum gebundenen Kompositionen
enthalten! Man begreift, daß der Meister,
der sich mit solcher Künstlerlust in den
Gegenstand vertiefte, das Verlangen empfinden
mußte, dieselbe Sache auch einmal anders
zu behandeln, als in der beschränkten Gestalt
von Buchstabenbildchen, die noch dazu dem
Publikum immer nur zerstreut, niemals in
ihrem durchdachten Zusammenhang zu Ge=
sicht kamen. Er entwarf einen „Toten=

Abb. 80. Jakob segnet Esau (1. Moses 27, 22). Aus den Holzschnitten zum Alten Testament. (Originalgröße).

tanz" zum Zweck der Veröffentlichung in einem selbständigen Werk, in Zeichnungen, die zwar auch noch klein waren, ihm aber Platz genug gewährten, um seine bildlichen Dichtungen weiter auszudichten und ihnen durch Räumlichkeit und Landschaft, erforderlichenfalls auch durch Hinzufügung von Nebenpersonen noch mehr Inhalt und Anschaulichkeit zu geben. Die Zeichnungen wurden der größten Mehrzahl nach von Lützelburger in mustergültiger Weise geschnitten.

Dieser Totentanz in Holzschnitten hat wie kein anderes Werk den Namen Holbeins berühmt gemacht.

Merkwürdigerweise kam derselbe erst viele Jahre nach seinem Entstehen zur Veröffentlichung. Nur fünf Probedruckexemplare sind vorhanden (in den Museen zu Basel, Berlin und London, im Kupferstichkabinett zu Karlsruhe und in der Nationalbibliothek zu Paris) von der ersten beabsichtigten Ausgabe; die Zahl der Bilder beträgt hier vierzig, und der Text beschränkt sich

auf Überschriften in deutscher Sprache. Von einer anderen Ausgabe, die ein Blatt enthält, welches dort fehlt und die sich dadurch von jener unterscheidet, daß die Überschriften, in denen auch einiges wenige anders gefaßt ist — mit gotischen (sogenannten deutschen) Lettern gedruckt sind statt mit den sonst damals bevorzugten lateinischen, ist nur ein einziges Exemplar (in der Pariser Bibliothek) vorhanden. Die erste wirkliche Veröffentlichung erfolgte im Jahre 1538 zu Lyon durch die Druckerei der Brüder Caspar und Melchior Trechsel. Diese Ausgabe enthält die 41 Bilder, jedes von einer Bibelstelle in lateinischer Sprache und von französischen Versen begleitet, mit einer Vorrede des französischen Herausgebers, die der Äbtissin des St. Petersklosters zu Lyon gewidmet ist. In späteren Auflagen, die auch mit ins Deutsche übertragenen Versen erschienen, kamen noch acht Bilder hinzu, die in der ersten Ausgabe weggeblieben waren, weil Lützelburger vor ihrer Vollendung vom Tode hinweggerafft worden war, und weil — nach den

Abb. 81. Boas und Ruth (Ruth 2, 5). Aus den Holzschnitten zum Alten Testament.

Worten des gelehrten französischen Geistlichen, der die Vorrede verfaßte und in dieser, mit Übergehung Holbeins, dem Formschneider alles Verdienst an den Zeichnungen zuschrieb — — niemand an die unvollendeten Bilder die Hand zu legen wagte, so wenig wie jemand den himmlischen Regenbogen berühren könnte. Erst nach vielen Jahren fand sich eine andere Kraft, die der hinterlassenen Aufgabe leidlich gerecht wurde. Diese nachträglich geschnittenen oder im angefangenen Schnitt vollendeten sind Bilder,

Abb. 83. Salomon segnet die Gemeinde (2. Chronica 6, 3). Aus den Holzschnitten zum Alten Testament.

die, ohne den Zusammenhang zu stören, weggelassen werden konnten; denn sie reihen sich nicht der herkömmlichen Ordnung nach Ständen ein, sondern enthalten — wie die Bildchen der Buchstaben T bis X des Todesalphabets — frei erdachte Darstellungen sittenbildlicher Art (Abb. 77). Von einigen Stücken, die erst in viel späteren Ausgaben, lange nach des Künstlers Tode, eingeschoben worden sind, erscheint es fraglich, ob ihre Einreihung in das Ganze von Holbein selbst beabsichtigt war. — Die drei ersten Bilder

der Folge enthalten die Einleitung des Bildergedichts: die Erschaffung der Eva, den Sündenfall und die Vertreibung aus dem Paradies. Dann tritt der Tod auf: er hilft Adam bei der Bearbeitung der Erde mit einem unbeschreiblichen Ausdruck wilden Vergnügens. Die Freude des Todes darüber, daß die Menschheit ihm verfallen ist, verkündet auf dem nächsten Blatt ein Konzert von Gerippen, deren einige zum Hohn sich lächerlich aufgeputzt haben, mit lärmendem Jubel. Und jetzt sucht der Tod alle Stände heim, vom Papst und Kaiser angefangen bis zu dem ärmsten und Geringsten und zum unmündigen Kinde. Mit grausigem Humor mischt er sich in die Thätigkeit der Menschen, bald heimlich, bald offen, unerkannt oder Entsetzen verbreitend. Dem schmausenden König reicht er als Mundschenk den Wein, als verbindlicher Kavalier geleitet er die Kaiserin und als tanzender Narr ergreift er die Königin inmitten ihres Hofstaats. Höhnisch trägt er Inful und Hirtenstab, da er den Abt hinwegzerrt; mit einem Kranze ge-

Abb. 82. Die betrübte Hanna (1. Samuel 1, 15). Aus den Holzschnitten zum Alten Testament.

Knackfuß, Holbein der jüngere. 6

Abb. 84. Die Heimkehr aus der babylonischen Gefangenschaft
(1. Esra 1, 5). Aus den Holzschnitten zum Alten Testament.

schmückt, wie ihn die jungen Stutzer bei Tanz und Gelagen zu tragen pflegten, reißt er die Äbtissin über die Klosterschwelle; als Mesner naht er sich dem Prediger. Bekränzt und tanzend verhöhnt er, von einem lustig musizierenden Gerippe begleitet, eine alte Frau, die rosenkranzbetend am Stabe dahinschleicht. Den Arzt sucht er als Begleiter eines Patienten auf; mit fragender Miene reicht er dem Gelehrten einen Schädel dar; dem Reichen raubt er sein Geld. Aus den Wogen aufsteigend, zerbricht er am Mast eines Schiffes auf stürmischer See (Abb. 73); von Panzer und Kettelhemd umschlottert, rennt er einem Ritter den Speer durch Harnisch und Leib (Abb. 74). Er hilft beim bräutlichen Schmücken der jungen Gräfin und schreitet als Trommler vor dem vornehmen Ehepaar her (Abb. 75). Wie ein Wegelagerer überfällt er den Krämer auf offener Landstraße; er treibt als übereifriger Knecht das Gespann des Bauersmannes, der in reizvoll friedlicher Landschaft hinter dem Pfluge herschreitet (Abb. 76). Welches der Bildchen man auch betrachten mag, jedes einzelne ist eine beziehungsreiche, geistvolle Schöpfung, in die man sich lange vertiefen kann. Als ein bemerkenswertes Zeichen der Zeit sieht man in manchen der Blätter, wie die humoristischen Züge sich in Satire verwandeln. Auch sieht man die Zeitereignisse selbst sich wiederspiegeln; so sind bei dem Bilde des Papstes, den der Tod aus einer Handlung höchster Machtentfaltung herausreißt, während ein Teufel zum Empfang seiner Seele bereit steht, die Anspielungen auf Leo X. († 1521) hinreichend deutlich; der ehrenfeste alte Kaiser, der im Ausüben der Gerechtigkeit unterbrochen wird (Abb. 72), ist unverkennbar Maximilian († 1519), und der König trägt die Züge Franz' I. von Frankreich, obgleich dieser damals noch lebte; der Graf, dem der Tod in der Tracht eines Bauern entgegentritt, um ihn mit dem eigenen Wappenschild niederzuschlagen, und der Ratsherr, den der Tod abruft, während er sich weigert, einem geringen Mann Gehör zu schenken, erinnern an den im Jahre 1525 bis an die Thore Basels herantobenden Bauernaufstand und an die Ursachen seiner Entstehung. Die Folge endigt mit dem allgemeinen Weltgericht (Abb. 7) und mit einem Schlußblatt, welches das Wappen des Todes zeigt: ein Totenkopf in zerfetztem Schild, eine Sanduhr und zwei erhobene Knochenarme als Helmzier (Abb. 78); daß dem Herrscher Tod ein Wappen zustand, war eine eingebürgerte Vorstellung, die ja auch Dürer einmal zu einem Kupferstich angeregt hatte.

In demselben Verlage wie die Todesbilder, und ebenfalls erst im Jahre 1538 erschien die größte von Holbein gezeichnete Bilderfolge, seine Illustrationen zum Alten Testament. Daß auch diese Blätter in den Jahren 1523 bis 1526, wenigstens der Mehrzahl nach, entstanden sind, beweist der Umstand, daß die Schnittausführung der meisten die Hand Lützelburgers erkennen läßt; diejenigen, welche von anderer Hand geschnitten worden sind, fallen in sehr bemerklicher Weise gegen die ersten ab. Die Trechselsche Veröffentlichung brachte die Zeichnungen nicht, wie sie wohl ursprünglich gedacht waren, im Text einer Bibelausgabe, sondern als selbständiges Bilderwerk. Jedem Blatt wurde eine Anführung der betreffen-

Abb. 85. Der Prophet Amos (Amos 1, 1). Aus den Holzschnitten zum Alten Testament.

den Schriftstelle und ein kurze Erläuterung in französischen Versen beigegeben. Dazu kam eine Vorrede in lateinischen Versen; in dieser wurde nicht, wie in der Veröffentlichung des Totentanzes, Holbeins Name verschwiegen; vielmehr wurde der Künstler, der sich freilich gefallen lassen mußte, daß sein Name dem Versmaß zuliebe die verkümmerte Form Holbius annahm, über Apelles und die anderen berühmtesten Maler des griechischen Altertums erhoben. Der Verfasser der Vorrede hatte Holbein persönlich kennen und bewundern gelernt. — In demselben Jahre wie die erste Ausgabe des später noch oftmals aufgelegten Bilderwerks erschienen die Zeichnungen auch in einer lateinischen Bibelausgabe, die von einem anderen Drucker zu Lyon, Hugo a Porta, veranstaltet wurde. In dieser seltenen Ausgabe sind einige Bilder weggelassen; dafür aber ist eines, der Sündenfall, vorhanden, das dort fehlt und das sonst nur in einem im Museum zu Basel bewahrten Probedruckexemplar vorkommt. — Holbeins Bilder zum Alten Testament sind im allgemeinen viel weniger bekannt, als sein Totentanz. Aber diese 91 Bildchen — das Format ist auch hier ein kleines — verdienen die allergrößte Beachtung. Während der Künstler in jenem anderen Werk durch seine geistreichen Einfälle überrascht und fesselt, schließt er sich hier schlicht und treu an das zu verbildlichende Wort des Textes an. Er zeigt sich als ein Erzähler allerersten Ranges, der in jeder Darstellung alles, worauf es ankommt, mit der liebenswürdigsten Einfachheit und Natürlichkeit, in knappster Fassung zu sagen weiß, nichts wesentlich zur Sage Gehöriges vergißt und alles Überflüssige vermeidet (Abb. 80—85).

Zu den Schnitten Lützelburgers gehört auch ein in sehr wenigen Exemplaren erhaltenes Bildchen, das offenbar als Kopistück ein fliegendes Blatt geschmückt hat, ein von reformatorischer Seite ausgegebenes Spottblatt, das nun seiner Schärfe willen von der Basler Obrigkeit unterdrückt worden sein mag. Dasselbe zeigt in seiner rechten Hälfte einen geschmückten Saal, in dem die Leute sich drängen, um die von dem thronenden Papste, dessen Person das allenthalben angebrachte Mediceerwappen kennzeichnet, ausgegebenen Ablaßzettel zu kaufen; links aber sieht man draußen im Freien David, Manasse und den armen Zöllner als die Vertreter der wahren Bußfertigen, und diesen breitet Gott Vater vom Himmel herab seine Arme entgegen. Eine Zeichnung ähnlicher Art, die in der feinen Schnittausführung ebenfalls Lützelburgers Hand erkennen läßt, erschien als Kopfstück des 1527 gedruckten „Evangelischen Kalenders" von Dr. Johannes Copp. Das Bildchen zeigt Christus als das wahre Licht, das die Welt durchstrahlt und das gläubige Volk an sich zieht, während der Papst und seine Geistlichkeit ihm den Rücken wenden, um, von den heidnischen Philosophen Plato und Aristoteles angeführt, in den Abgrund zu stürzen.

Der kirchliche Zwiespalt, in den der Künstler sich mit diesen Blättern mischte, nahm in Basel scharfe Formen an. Alles entbrannte in religiösem Parteieifer. Dabei froren die Künste, wie Erasmus sich in einem Briefe ausdrückte. Es machte sich eine entschieden bilderfeindliche Partei geltend. Im Januar 1526 richtete die Malerzunft

6*

Abb. 86. Jakob Meyer zum Hasen. Zeichnung in schwarzer und farbiger Kreide, Studie zu dem Madonnenbild in Darmstadt. Im Museum zu Basel. (Nach einer Originalphotographie von Braun, Clément & Cie. in Dornach i. E. und Paris.)

von seinem alten Gönner Jakob Meyer einen Auftrag bekam, in dessen Ausführung er ein Werk schuf, das zweifellos unter allen religiösen Bildern, die von ihm erhalten geblieben sind, das schönste ist.

Jakob Meyer zum Hasen, der das Bürgermeisteramt zum letztenmal im Jahre 1521 bekleidet hatte, hielt, während die Reformation in Basel immer mehr die Überhand bekam, streng an der alten Kirche fest. So ließ er gerade damals, wo die katholische Partei sich kaum noch im Rat zu behaupten vermochte, ein offenbar zur Aufstellung auf einem Kapellenaltar bestimmtes Gemälde anfertigen, in dem er gleichsam ein öffentliches Glaubensbekenntnis ablegte. Er ließ sich selbst mit seiner ganzen Familie abbilden, wie sie sich unter den Schutz und Schirm der Jungfrau Maria stellen. In der Ausführung dieses Auftrags schuf Holbein das herrliche Marienbild, das sich jetzt im Besitz des Großherzogs von Hessen befindet und im großherzoglichen Schlosse zu Darmstadt bewahrt wird.

Von den Vorarbeiten Holbeins zu diesem Gemälde haben sich die Bildnisaufnahmen von Jakob Meyer, von Frau Dorothea und von deren Tochter Anna erhalten. Diese drei Zeichnungen, in der bekannten Art des Künstlers mit schwarzer Kreide unter Zuhilfenahme von ein paar Buntstiften ausgeführt, befinden sich im Museum zu Basel. Der Kopf des Mannes (Abb. 86) ist auf gelblich getöntem Hintergrund mit Schwarz und Rot in ganz leichter Behandlung zu ganz sprechender Wirkung gebracht; auch der Ausdruck, den er im Gemälde bekommen sollte, ist schon angedeutet. Der Kopf der Frau (Abb. 87) ist durch das „Gebände" stärker verhüllt, als es dem Maler später

ein Bittgesuch an den Rat, er möge gnädiglich dafür sorgen, daß sie, die eben auch Frau und Kinder hätten, in Basel verbleiben könnten. Auch Holbeins Erwerbsverhältnisse gestalteten sich schlecht. Wie wenig Verwendung die Regierung Basels für seine Kunst hatte, geht aus den Ratsrechnungen hervor, die als einzige an Holbein in diesen Jahren geleistete Zahlung einen geringfügigen Betrag nennen, den er im März 1526 dafür bekam, daß er „etliche Schilde am Städtlein Waldenburg," wohl das obrigkeitliche Wappen an öffentlichen Gebäuden dieser zum Baseler Gebiet gehörigen Stadt, gemalt hatte.

Doch war es aller Wahrscheinlichkeit nach in eben diesem Jahre, daß Holbein

bei der Ausführung gut schien; die Farbenangaben beschränken sich auf das Rot im
Gesicht und etwas Braun zur Bezeichnung
des die Haube durchschimmernden Haares
und des Pelzfutters am Mantelkragen. Anna
Meyer (Abb. 88), deren Alter von etwa
dreizehn Jahren für die Feststellung der
Entstehungszeit des Bildes mitbestimmend
ist, ist gleich in halber Figur gezeichnet, die
Arme annähernd in der Haltung, die sie
im Gemälde bekommen sollten; von leicht
grünlich angetuschtem Hintergrund heben
sich das Gesicht mit seinem zarten Fleisch-
ton, das goldbraune Haar, dessen Farbe mit

ineinander gezeichnetem Gelb und Braun erreicht ist, und die weiße Kleidung, die durch
einen roten Gürtel und durch gelb angege-
bene Verzierungen am Halsband belebt wird,
in fast schon völlig malerischer Wirkung ab.
Das junge Mädchen sieht in der Zeichnung
entschieden vorteilhafter aus, als im Gemälde; das liegt hauptsächlich daran, daß
das offene Haar sie viel besser kleidet, als
der festliche, wohl bei einer besonderen Veranlassung, etwa der ersten Kommunion, gebräuchliche Kopfputz, der den größten Teil
des in Zöpfen hochgesteckten Haares verdeckt.

Das Gemälde selbst (Abb. 89), in drei-

Abb. 87. Jakob Meyers Ehefrau Dorothea Kannegießer. Zeichnung in
schwarzer und farbiger Kreide, Studie zu dem Madonnenbild in Darmstadt. Im
Museum zu Basel. (Nach einer Originalphotographie von Braun, Clément & Cie. in
Dornach i. E. und Paris.)

viertel Lebensgröße ausgeführt, ist eines der seltenen Kunstwerke, die gleich beim ersten Anblick den Beschauer mit der ganzen Macht einer vollkommenen Kunst überwältigen und die man, wenn man sie einüber die Beter aus. Auf der einen Seite kniet Jakob Meyer in inbrünstigem Gebet, neben ihm sein etwa zwölfjähriger Sohn, dessen Andacht einigermaßen gestört wird durch das jüngste Familienmitglied, ein ent-

Abb. 88. Anna Meyer. Zeichnung in schwarzer und farbiger Kreide, Studie zu dem Madonnenbild in Darmstadt. Im Museum zu Basel.

mal gesehen hat, nie wieder vergißt.

Die Himmelskönigin erscheint hier nicht thronend, sondern sie steht aufrecht mitten unter der Familie des Stifters, über die ihr Mantel sich ausbreitet; das göttliche Kind schmiegt sein Köpfchen an die Brust der Mutter und streckt das Händchen segnend zückendes nacktes Knäblein, das sich um himmlische Dinge noch gar nicht kümmert und vom Bruder mit beiden Händen festgehalten werden muß. Gegenüber knieen die erste und die zweite Frau des Bürgermeisters in stiller ernster Andacht, sowie die einzige Tochter, deren Aufmerksamkeit

Abb. 90. Hilr Maria von Holb   Altdorfer

Nürnberg Germania

Abb. 91. „Lais Corinthiaca". Holbein d. J.
Nach einer Originalphotographie von Braun

Abb. 92. Liebesgöttin. Ölgemälde, im Museum zu Basel.
(Nach einer Originalphotographie von Braun, Clément & Cie. in Dornach i. E. und Paris.)

zwischen dem Rosenkranz in ihren Händen
und dem niedlichen kleinen Brüderchen ge-
teilt erscheint. — Etwas Wunderbares von
Ausdruck ist der Kopf Meiers: tiefste, auf-
richtige Frömmigkeit eines Mannes, der in
vertrauensvollem Gebet Beruhigung sucht
gegenüber den Bitterkeiten, die ihm die Außenwelt und das eigene trotzige Gemüt bereiten: und wie stimmen mit den gespannten

Muskeln des Gesichts die ineinander ge-
preßten Finger überein! Und wie wird
dieser Ausdruck durch den Gegensatz der
unschuldigen Knabengesichter gehoben! Sehr
eigentümlich wirken die beiden Frauen nebeneinander: die eine, die so recht mitten im
Leben steht, deren gesundem, beweglichem Gesicht man die unermüdliche Thätigkeit der
waltenden Hausfrau ansieht, und die längst

Abb. 24. Entwurf zu dem Familienbild des Thomas Morus. Federzeichnung zu Mühlein zu Basel. Übergezeichnung über einige Änderungen in der Anordnung von der Hand Holbeins.

Die Namensbeischriften auf dieser Zeichnung sind von der Hand Thomas Morus', die Notizen über einige Änderungen in der Anordnung in der Handschrift von der Hand Holbeins.

Tho: Moor L.ᵗChancelour

Abb. 94. Thomas Morus. Zeichnung in schwarzer und farbiger Kreide, Studie zu dem More'schen Familienbild.
In der Bibliothek der Königin von England im Schlosse zu Windsor. (Nach einer Photographie von Franz Hanfstängl
in München.)

verstorbene, die nicht mehr zu dieser Welt
gehört, die in der geraden Profilansicht von
Kopf und Gestalt den Eindruck einer starren
Regungslosigkeit macht, und von deren Ge=
sicht — das Holbein nie gesehen hatte —

nur ein kleines Stück aus dem verhüllenden
Gebäude wie aus Leichentüchern hervorschaut.
Eigentümlich wirkungsvoll ist es auch, daß
man von den gefalteten Händen der Frauen,
die Tochter mit einbegriffen, nur Finger=

Iudge More S.r Tho: Mores Father.

Abb. 95. Sir John More, Vater von Thomas Morus. Studie zu dem More'schen Familienbilde, mit schwarzer und farbiger Kreide gezeichnet. In der Bibliothek der Königin von England im Schlosse zu Windsor. (Nach einer Photographie von Franz Hanfstängl in München.)

spitzen sieht. Über den Menschengesichtern in ihrer bewegten Mannigfaltigkeit steht das Antlitz der Gnadenmutter in himmlischer Ruhe, ein Antlitz, das in seiner Schlicht- heit von Form und Ausdruck eine so ernst und innig empfundene Künstlerschöpfung ist, daß es selbst mit den frommen Meisterwerken des XV. Jahrhunderts den Vergleich aushält. Das Jesuskind blickt den Beschauer mit nur halbzugewendetem Gesicht mit schmerzlichen Zügen, als ob es eben geweint hätte, an. Das ist ein sicher nicht von dem Maler, sondern von dem Besteller ausgehender Ge- danke, den Erlöser in solcher Weise seinem

Abb. 96. Wilhelm Warham, Erzbischof von Canterbury. Zeichnung in schwarzer und farbiger Kreide, in der Bibliothek der Königin von England im Schlosse zu Windsor. (Nach einer Photographie von Franz Hanfstängl in München.)

Kummer über die kirchlichen Zustände Basels Ausdruck geben zu lassen. Auf Rechnung des Künstlers ist es zu setzen, daß das Jesus- kind mit der linken Hand segnet: hätte der Maler das Kind die rechte Hand aufheben lassen, so hätte er auf das die Stimmung,

die der Wunsch des Bestellers angegeben hatte, so wesentlich steigernde Motiv ver- zichten müssen, daß das Kind sich wie müde zurücklehnt. — Im Jahre 1887 ist das Gemälde, das an vielen Stellen von will- kürlichen Übermalungen bedeckt war, durch

Abb. 97. Wilhelm Warham, Erzbischof von Canterbury. Ölgemälde im Louvremuseum zu Paris.

kundige Hand von diesen befreit worden, und es ist unter der Schicht der Überarbeitungen in einem überraschenden Zustand von Unversehrtheit zu Tage gekommen, so daß wir in diesem Meisterwerk Holbeins die Pracht seiner Farbe ganz und voll bewundern können, die sich hier in einer Frische zeigt, als ob das Bild eben erst die Staffelei verlassen hätte. Der leuchtende Kernpunkt des Farbenzaubers ist das Gesicht Marias, ganz hell, mit rosigen Wangen. Das blonde Haar, das unter der goldenen, mit Perlen und einem violettroten Edelstein geschmückten Krone dieses Gesicht umschließt, ist weich und wunderbar sein; wie es lockig slimmert und mit seinen losen Enden auf dem Mantel haften bleibt, das ist etwas Einziges: es ist mit künstlerischem Wonnegefühl gemalt: Dürer hat niemals die einzelnen Härchen mit größerer Feinheit gezeichnet, dabei ist

Abb. 98. Johannes Fischer, Bischof von Rochester. Zeichnung in schwarzer und farbiger Kreide, in der Bibliothek der Königin von England im Schlosse zu Windsor. Nach einer Photographie von Franz Hanfstängl in München.)

aber hier zugleich das Haar
als Ganzes vollendet malerisch. Der Marienkopf mit
seiner goldigen Einfassung
und mit dem kraußblonden
Kopf des Jesuskindes, dessen
Körper die Helligkeitsfarbe
des Gesichts fortführt bis zu
den Händen Marias, so daß
all diese zarten Fleischtöne
eine geschlossene Lichteinheit
bilden, hat als Hintergrund
den schimmernden Ton einer
muschelförmigen Nischen-
wölbung aus blank geschliffe-
nem braunroten Marmor.
Der übrige Teil der Nische
besteht aus einem grauen
Stein, dessen kalte Farbe mit
anspruchslosen Tönen in das
Blau der daneben sichtbar
werdenden, von grünen
Feigenbaumzweigen durch-
schnittenen Luft hinüber-
leitet. Marias Kleid ist
dunkel grünblau, mit goldfarbigen Unterärmeln, in
denen, wie auch in allen
Schmucksachen, wirkliches
Gold beim Malen ange-
wendet ist; die große dunkle
Masse des Gewandes, dessen
Schatten mit der unbeleuch-

teten Innenseite des grünlichgrauen Mantels
ganz zusammengehen, wird durch einen hoch-
roten Gürtel unterbrochen: an den Handge-
lenken kommt ein schmaler Weißzeugstreifen
zum Vorschein, und am Brustsaum liegt ein
dünner, schleierartiger Stoff zwischen Kleid
und Hals. Die Gruppe zur Rechten Marias
geht aus tiefem Schwarz, das in Meyers
Haar und seinem aus Moiréestoff gefertigten,
mit hellbraunem Pelz gefütterten Überrock
steckt, in das Licht des dem Christuskörper
an Helligkeit gleichkommenden Fleisches des
Kleinen über durch farbige Mitteltöne hindurch, die die Kleidung des größeren Knaben
gibt: dieser braunlockige Knabe hat einen
hellbraunen Rock mit braunrotem Sammetbesatz, mit goldenen Hafteln und Nesteln,
an dünnen blauen Schnürchen und zinno-
berrote Beinkleider an; an seinem Gürtel
hängt eine gelblichgrüne Börse mit matt-
blauen Seidenquästchen. Eine entsprechende

Abstufung geht durch die drei Gesichter:
die kräftige Gesichtsfarbe Meyers, mit blauen
Spuren des rasierten Bartes, die frische
Farbe des Knaben und das zarte Kindergesicht. In der Gruppe der Frauen stehen
zwischen Schwarz und Weiß außer dem
Gesicht der lebenden Frau, das, ganz von
Weiß umgeben, doppelt farbig wirkt, nur
wenige kleine Farbenflecken: das Kopfband
von Anna Meyer besteht aus Goldstoff mit
reicher Perlenstickerei, karminrote Seidenquästchen hängen über dem braunen Zopf,
oben auf dem Band liegt ein Kränzchen
von weißen und roten Blumen mit wenigen
grünen Blättchen; der Rosenkranz in Annas
Händen ist rot. Der Fußteppich, der nach
vorn über eine niedrige Stufe fällt, hat auf
dunkelgelbem Grund rot und grüne Muste-
rungen mit etwas Weiß und Schwarz; sein
Gesamtton ist sehr warm. Die Beschreibung der Farben eines Bildes kann freilich

von ihrer Stimmung keine Vorstellung geben. Die Farbenstimmung des Darmstädter Gemäldes ist so, als ob man Kirchenglocken läuten hörte.

In der Farbe und ihrem Eindruck auf das Gemüt des Beschauers liegt der größte Unterschied zwischen dem Originalgemälde der „Madonna des Bürgermeisters Meyer" und der in der Dresdener Gemäldegalerie befindlichen Kopie desselben, die, in unbekannter Zeit entstanden, so geschickt gemalt ist, daß sie mehr als ein Jahrhundert lang für das Original gelten konnte. Aber nicht in der Farbe allein. Auch die photographische Abbildung zeigt, wieviel die Komposition an Innigkeit verloren hat dadurch, daß der Kopist die Holbeinsche Gedrungenheit in der Figur Marias durch schlankere Verhältnisse verbessern zu müssen glaubte, und daß er, ebenfalls aus einem falschen Schönheitsgefühl, die Nische höher gemacht hat; und auch, wie in den Köpfen die Charaktere unter der Hand des Kopisten abgeschwächt worden sind (Abb. 90).

Wohl nicht auf Bestellung, sondern aus eigener Lust gemalt in freier Zeit, die die bilderfeindlichen Verhältnisse des Jahres 1526 dem Künstler ließen, sind zwei idealisierende Bilder einer jungen Dame, die sich im Museum zu Basel befinden, und von denen eines diese Jahreszahl trägt. Die in kleinem Maßstabe — etwa ein Drittel Lebensgröße — mit köstlicher Feinheit ausgeführten Gemälde zeigen in fast übereinstimmender Farbenwirkung die blonde junge Frau, deren helle Haut einen etwas matten Ton hat, in halber Figur, in einem Kleide von dunkelrotem Sammet mit weiß ausgepufften und mit goldenen Nestelschnürchen besetzten Schlitzen, mit weiten Überärmeln von dunkelgoldfarbiger Seide; sie sitzt hinter einer Brüstung von grauem Stein, in ihrem Rücken hängt ein dunkelgrüner Vorhang in breiten Falten herab. In dem einen Bilde sieht man auf der Platte der Steinbrüstung ein Häuflein Goldstücke liegen; die Dame streckt ihre Rechte dem Beschauer geöffnet entgegen, wie um mehr einzunehmen, während ihre Linke in den Falten eines über dem Schoß liegenden blauen Mantels ruht; sie blickt mit gesenkten Augen vor sich hin, und in dem Ausdruck des feinen Gesichts liegt eine stille, tiefe Traurigkeit. Auf der Kante der Steinplatte stehen wie eingemeißelt die

Worte: „Lais Corinthiaca. 1526" (Abb. 91). In dem anderen Bilde, das sich hinsichtlich der Kleidung dadurch von jenem unterscheidet, daß auf dem Haar statt des Goldhäubchens, das man dort sieht, ein schwarzes, mit etwas Gold verziertes Häubchen sitzt, und daß die Unterarme unverhüllt aus den gelbseidenen Überärmeln hervorkommen, blickt die Schöne den Beschauer lächelnd an, ihre Hand bewegt sich zu einladendem Gruß; von ihren Knieen aus lehnt sich ein Amor über die Steinbrüstung, ein allerliebster rothaariger kleiner Schelm, der einen Pfeil im Händchen hält (Abb. 92). Der Sinn der beiden Gemälde wird durch ihre Nebeneinanderstellung klar: das begehrte Gold vermag das junge Weib nicht glücklich zu machen, aber die Liebe. Über die Beziehungen Holbeins zu der so von ihm abgemalten Persönlichkeit läßt die Unterschrift „Lais Corinthiaca" kaum einen Zweifel. Die wegen ihrer verführerischen Schönheit berühmte Hetäre Lais von Korinth war eine Geliebte des Apelles; und Apelles genannt zu werden, daran war Holbein ebenso wie andere von gelehrten Bewunderern umgebene Maler jener Zeit gewöhnt. Den Namen der Dame verrät das alte Verzeichnis der Amerbachschen Sammlung: sie war eine Tochter des Adelsgeschlechts von Offenburg.

Schon im Jahre 1524 hatte Erasmus von Rotterdam daran gedacht, seinem jungen Freund, dessen Einnahmen in Basel in keinem Verhältnis standen zu seiner hohen Begabung, ein fruchtbareres Erwerbsgebiet zu verschaffen, indem er ihn seinen Freunden in England empfahl. Und Thomas Morus, der große Staatsmann und Gelehrte, der wenige Jahre später Lordkanzler von England wurde, versprach in seinem Antwortschreiben an Erasmus, er wolle sein möglichstes für dessen Maler thun, den er aus den übersandten Werken als „einen wunderbaren Künstler" erkannt hatte. Unter den für die Kunst sich immer trüber gestaltenden Verhältnissen Basels entschloß sich Holbein, dem Rate seines Gönners zu folgen, und verließ Basel gegen den Herbst 1526, um über Antwerpen nach England zu reisen.

Als Freund des Erasmus wurde Holbein im Hause des Thomas Morus in Chelsea als ein lieber Gast aufgenommen. Als Künstler war er hier, auch che Erasmus sein von ihm gemaltes Bildnis an Morus sandte, kein ganz Unbekannter; denn

Abb. 101. Bildnis eines Unbekannten. Im Pradomuseum zu Madrid.
(Nach einer Originalphotographie von Braun, Clément & Cie. in Dornach i. E. und Paris.)

wunderte Gemälde ist spurlos verschwunden. Aber das Baseler Museum bewahrt einen Entwurf zu demselben, eine geistreiche Federzeichnung in Umrissen (Abb. 93). Thomas Morus schickte dieses Blatt, auf dem er zu jeder der in den wenigen Strichen schon ganz porträtähnlich angegebenen Personen den Namen beischrieb, durch den Künstler selbst, als dieser heimkehrte, als Geschenk an Erasmus. Von den Zeichnungen in Ausführungsgröße, in denen Holbein die einzelnen Köpfe des Familienbildes aufnahm, sind glücklicherweise die meisten erhalten: sie befinden sich in der Bibliothek des königlichen Schlosses zu Windsor (Abb. 94 der Kopf des Thomas Morus und Abb. 95 derjenige von dessen Vater). — Wohl auch zu den ersten Personen, die Holbein in England porträtierte, gehörten die hohen geistlichen Freunde und Gönner des Erasmus: der Erzbischof Warham von Canterbury und der Bischof Fisher von Rochester. Auch von diesen Bildnissen werden die Zeichnungen im Windsorschlosse bewahrt (Abb. 96 und 98). Das Bild Warhams ist in zwei eigenhändigen Ausführungen vorhanden, von denen sich die eine noch im erzbischöflichen Palast in Southwark, die andere im Louvre befindet (Abb. 97). Den Porträts der beiden greisen Kirchenfürsten reiht sich dasjenige eines jüngeren Herrn, des Bischofs Stokesley von London an, das sich in der Gemäldegalerie des Windsorschlosses befindet (Abb. 99). In der

in der Ausgabe von Morus' in der ganzen Welt gelesenem Buche „Utopia", die Froben im Jahre 1518 veranstaltete, war der Widmungstitel mit der von Holbein im Jahre 1515 entworfenen und mit seinem Namen bezeichneten Einfassung geschmückt.

Durch die Empfehlung seines hochstehenden Gastfreundes fand Holbein reichliche Beschäftigung als Porträtmaler. Zunächst malte er natürlich den Thomas Morus selbst. Von vielen auf diesen Namen getauften und Holbein zugeschriebenen Bildnissen gilt ein in London in Privatbesitz befindliches Bild in halber Figur, mit der Jahreszahl 1527 bezeichnet, als das einzige echte. Die ganze Familie des Morus malte er in einem umfangreichen Bilde lebensgroß mit Wasserfarben auf Leinwand. Dieses be-

Abb. 102. Nikolaus Kratzer, Hofastronom König Heinrich VIII. von En... ...als...
Im Louvre...

nämlichen Sammlung prangt ein Hauptwerk des Jahres 1527, das Porträt des Sir Henry Guildford, Stallmeisters König Heinrichs VIII. Der mit Morus befreundete und auch mit Erasmus bekannte ritterliche Herr, der in dem Feldzug gegen Frankreich das

während des ersten Aufenthalts Holbeins in England entstand, ist das im Pradomuseum zu Madrid befindliche Bildnis eines in Schwarz gekleideten alten Herren mit sehr roter Gesichtsfarbe und ungewöhnlich großer Nase (Abb. 101). Mit der Jahreszahl 1528

Abb. 103.   Sir Thomas Godsalve mit seinem Sohne John.   Ölgemälde von 1528.   In der königl.
Gemäldegalerie zu Dresden.   Nach einer Photographie von Franz Hanfstängl in München.)

Banner seines Königs in der Schlacht getragen hatte, steht in reicher Staatskleidung da, mit Unterkleidern von Goldbrokat unter dem pelzbesetzten schwarzen Überrock, mit der Kette des Hosenbandordens geschmückt und mit dem Kammerherrenstab in der Hand (Abb. 100). Ein Prachtstück der Malerei, das, wie man aus der Tracht schließen kann,

ist das treffliche Bildnis des königlichen Hofastronomen Nikolaus Kratzer aus München, im Louvre, bezeichnet, eine lebensgroße Halbfigur, von wissenschaftlichen Geräten, die mit der äußersten Genauigkeit gemalt sind, umgeben (Abb. 102). Deutschland besitzt ein Werk von 1528 in dem kleinen Doppelbildnis des Thomas Godsalve und seines Sohnes

Abb. 101. Sir Bryan Tuke. Ölgemälde in der königl. Pinakothek zu München. Nach
Franz Hanfstaengl in München.

Er legte den Grund zu dem Gemälde in einer auf Papier ausgeführten Zeichnung, in der er mit Buntstiften einige Farbenangaben machte, für ihn ausreichend, um danach das Bild so weit zu bringen, daß das Modell nur zur letzten Vollendung zu sitzen brauchte. Unter den aus der Sammlung Amerbachs herrührenden Blättern im Baseler Museum befinden sich auch einige Bildniszeichnungen aus England, die der Maler mit nach Hause gebracht hat, nach seinem ersten Aufenthalt in England oder bei seiner zweiten Heimkehr. Da sind die in schneller Umrißzeichnung und leichter Tönung des Fleisches angegebenen Porträts eines vornehmen Ehepaares, das in etwas weitergehender Wirkung ausgeführte Porträt des königlichen Stallmeisters Sir Nicolas Carew,

Abb. 105. Bildnis einer englischen Dame. Zeichnung in schwarzer und farbiger Kreide. Im Museum zu Basel. Nach einer Originalphotographie von Braun, Clément & Cie. in Dornach i. E. und Paris.

John in der Dresdener Galerie (Abb. 103). Wahrscheinlich gehört auch das in der Münchener Pinakothek befindliche, leider schlecht erhaltene Bildnis des Sir Bryan Tuke in diese Zeit, auf dem der Abgebildete, wohl durch Holbeins Totentanzzeichnungen angeregt, neben sich den Tod darstellen ließ, der als Gerippe mit der Sense in der Hand von hinten herantritt und auf die ablaufende Sanduhr auf dem Tische hinweist (Abb. 104).

Holbein behielt in seiner Bildnismalerei jetzt und auch später das Verfahren bei, das er von frühester Zeit her angewendet hatte.

und das vorzüglich schöne Bild einer unbekannten Dame in der eigentümlichen Haube der damaligen englischen Mode (Abb. 105). Neben diesen Bildniszeichnungen sei diejenige eines unbekannten jungen Mannes erwähnt, der dem Schnitt seines Gesichtes nach kein Engländer, sondern ein Deutscher ist, die schönste von allen in Basel befindlichen Bildniszeichnungen Holbeins. In diesem Prachtstück meisterhafter Zeichnung ist unter dem schwarz schraffierten und gewischten breitrandigen Barett das Gesicht mit Schwarz und Rot, auf die denkbar einfachste Weise, zu völlig malerischer, fleischiger Wirkung

Abb. 106. Bildnis eines Unbekannten. Zeichnung in schwarzer, roter und brauner Kreide. Im Museum zu Basel. (Nach einer Originalphotographie von Braun, Clément & Cie. in Dornach i. E. und Paris.)

durchgebildet; auf das Haar ist ein kräftiger brauner Ton gezeichnet, der auch die Modellierung der Haarwellen angibt, und mit demselben braunen Stift ist der Pelzbesatz des Rockkragens flüchtig, aber treffend angedeutet (Abb. 106). Eine in andersartigem Verfahren, in Deckfarbenmalerei, ausgeführte Bildnisaufnahme, die ebenfalls ein Meisterwerk allerersten Ranges ist, besitzt Deutschland in dem im Berliner Kupferstichkabinett befindlichen Kopf eines unbekannten bärtigen Mannes (Titelbild).

Im Sommer 1528 war Holbein wieder in Basel. Von wie günstigen Erfolgen die englische Reise begleitet war, geht daraus hervor, daß er gleich nach der Heimkehr ein Haus kaufte; später kaufte er noch ein anstoßendes kleineres Haus dazu.

Eine seiner ersten Arbeiten nach der Rückkehr in die Heimat mag das Bildnis der Seinigen gewesen sein, das im Baseler Museum eines der fesselndsten Stücke für den heutigen Beschauer ist. Darauf sehen wir Frau Elsbeth mit zwei Kindern, einem blonden Jungen und einem rothaarigen kleinen Mädchen (Abb. 107). Die Kinder sind jedenfalls die beiden ältesten, Philipp und Katharina. Von Philipp erfährt man, daß er ein „guter, frommer Junge" war; er wurde Goldschmied, kam nach seiner Lehrzeit in Paris weit in der Welt herum und ließ sich schließlich in Augsburg nieder; von ihm stammt das durch Kaiser Matthias in den Adelstand erhobene Geschlecht der Holbein von Holbeinsberg. Auf Philipp und Katharina folgten noch zwei Kinder: Jakob, der als Goldschmied in London starb, und Küngolt, die sich, ebenso wie ihre ältere Schwester, in Basel verheiratete. — Das Gemälde, in Lebensgröße mit Ölfarben auf Papier gemalt, das dann an den Umrissen ausgeschnitten und auf eine Holztafel geklebt worden ist, ist ein

Meisterstück kostbarer Malerei und ein Wunderwerk künstlerischer Naturnachbildung. In diesem „Realismus" ist die Einfachheit der Natur selbst erreicht. Es sieht aus, als ob der Maler die drei Figuren so aufgefaßt hätte, wie der Zufall sie ihm hinsetzte; und doch, wie wohl erwogen und abgemessen ist das Kunstwerk! Eine verblühende Frau mit trübem Ausdruck, zwei ganz hübsche und gesunde, aber keineswegs ungewöhnlich reizvolle Kinder, alle drei in äußerst anspruchslosem Anzug — das nach der damaligen Baseler Mode tief ausgeschnittene, schmucklose Kleid der Frau ist schwarzgrün, ein Streifen dünnen braunen Pelzes an einem dem Kleid gleichfarbigen Obergewand und ein sehr feiner Schleier über dem dunkelblonden, am Hinterkopf in einem rötlichbraunen Mützchen versteckten Haar sind die einzigen Putzstücke, der Knabe hat einen schwärzlich grünblauen Kittel und das Mädchen ein farbloses hellwollenes Röckchen an —: daraus hat Holbein ein in den Helligkeits- und Dunkelheitsverhältnissen, im Fluß der Linien und im Zusammenklang der Farben vollendet schönes Bild geschaffen.

Man sollte denken, der Maler, der seinen Mitbürgern ein solches Bildnis zeigen konnte, hätte mit Porträtbestellungen überhäuft werden müssen. Aber die Baseler waren ganz und gar durch den Glaubensstreit in Anspruch genommen, und in dem blinden Eifern der Parteien verhallte die Mahnung des Rates, man solle „einander nicht papistisch, lutherisch, ketzerisch, neu- oder altgläubig nennen, sondern einen jeden ungetrotzt und ungeschmäht bei seinem Glauben lassen." Welcher Bürger hätte da der schönen, friedlichen Kunst noch seine Aufmerksamkeit zuwenden können?

Die Jahreszahl 1529 auf einer Zeichnung des Baseler Museums weist uns auf ein untergeordnetes, aber äußerst verdienstvolles Arbeitsfeld Holbeins hin: seine Thätigkeit als Erfinder mustergültiger Vorbilder für das Kunsthandwerk. Hatte er in seiner frühen Jugend vorzugsweise das Glasergewerbe mit Mustern bedacht, so schuf er später mit Vorliebe Entwürfe für Goldschmiedearbeiten. Jene Jahreszahl steht auf einem in getuschter Federzeichnung ausgeführten Entwurf einer prachtvollen Renaissanceornamenten bedeckten Dolchscheide (Abb. 108). Das Baseler Museum besitzt

außer dieser noch vier Vorzeichnungen Holbeins zu schmuckreichen Dolchscheiden, wie Stutzer und vornehme Herren sie gern trugen, eine schöner als die andere. Die eine, sehr reich und fein, zeigt, nur in Umrißlinien mit der Feder skizziert, drei mythologische Darstellungen in Gehäusen übereinander, das Parisurteil, Pyramus und Thisbe und Venus und Amor, darunter einen Kopf zwischen Ornamenten (Abb. 108). Auch die drei anderen sind mit Figurendarstellungen geschmückt, und zwar, entsprechend der vielfach beliebten Sitte, den Dolch in wagerechtem Hang am Gürtel zu tragen, in der Weise, daß die Kompositionen sich in der Längsrichtung der Fläche, von der Zwinge der Scheide nach dem Griff des Dolches hin bewegen. Da ist in einer ebenfalls nur in Umrissen skizzierten Zeichnung ein römischer Triumphzug dargestellt; in der anderen, die in zartester, unglaublich feiner Durchmodellierung ausgetuscht ist, der Durchgang der Israeliten durch den Jordan; die dritte zeigt einen Totentanz: König und Königin, Kriegsmann und Mönch, Frau und Kind müssen den in höhnischer Lustigkeit springenden Gerippen folgen (Abb. 109). Neben den Dolchscheiden seien die Zierstreifen erwähnt, die, bald aufrecht stehend, bald wagerecht liegend gedacht, auch für mancherlei andere Zweige des Kunsthandwerks verwendbar, doch vorzugsweise auf Ausführung in Goldschmiedearbeit berechnet sind. Davon finden sich im Baseler Museum ein lustiger Fries mit nackten Kindern, ein anderer, mehr ausgeführter mit jagenden und spielenden Kindern zwischen prächtig geschwungenen Ornamenten (Abb. 110) und eine aufrechte Leiste, in der Bären gar possierlich im Gerank einer Rebe emporklettern, von einem Spielmann mit Trommel und Pfeife begleitet (Abb. 111).

Holbeins Geschmack im Entwerfen von Ziergebilden, der sich schon früh so reich und fruchtbar gezeigt hatte, war nicht stehen geblieben in der Entwickelung. Das schönste Beispiel von seiner Geschmacksverfeinerung und zugleich einen Beweis von seinem Mitgehen mit der vorschreitenden Umwandlung des Renaissancestils gibt ein prächtiger Holzschnitt, der in dieser Zeit entstanden sein muß (Abb. 112): „Erasmus Rotterdamus in einem Gehäuse" wird das Blatt in dem Amerbachschen Verzeichnis, das sich auch auf Holzschnitte erstreckt, genannt. Dieses Gehäuse,

Abb. 107. Holbeins Frau und Kinder. Ölskizze zu einem Bilde. Im Museum in Basel. Nach einer Originalphotographie von Braun, Clément & Co. in Dornach i. E.

Abb. 108. Entwürfe zu metallenen Dolchscheiden.
Federzeichnungen im Museum zu Basel.

schmuckvoll und reich und zugleich rein und
vornehm in den Formen, ist vielleicht das
Schönste, was die Zeit auf dem Gebiete der
Buchverzierungen überhaupt geschaffen hat.
Aber ein ebenso großes Meisterwerk wie die
Umrahmung ist das von ihr eingeschlossene
Bildnis des Erasmus. Wir sehen den fein-
geistigen und gelehrten Mann hier in ganzer
Figur: eine schwächliche Gestalt, eingehüllt
in talarartig lange, pelzgefütterte Röcke, und
dabei groß und bedeutend nicht nur im
Kopf, der den Blick dem Beschauer zuwendet,
sondern auch in der ganzen Haltung. Er
lehnt die Rechte auf den Kopf einer beseelt
gedachten Herme, des „Terminus,“ und

macht mit der Linken eine auf diese Gestalt
hinweisende Bewegung. Den Terminus,
den Schutzgeist der festgelegten Wege und
Grenzen, hatte Erasmus zum Sinnbild seiner
schriftstellerischen Thätigkeit gewählt. Die
volle Bedeutung dieses Sinnbilds wird uns
durch eine im Baseler Museum befindliche
Tuschzeichnung mitgeteilt, die Holbein einmal
für Erasmus angefertigt hatte, anscheinend
zum Zwecke der Ausführung in Glasmalerei.
Da steht, von einem säulengetragenen Bogen
eingerahmt, der Terminus in einer weiten
Landschaft, der ein paar grüne Farbenflecken
ein wirkungsvoll lebhaftes Aussehen geben;
der von einem Strahlenkranz umgebene Kopf
der Bildsäule macht eine leichte Wendung
und spricht scheinbar leichthin und doch mit
unantastbarer Bestimmtheit die Worte, die da-
beigeschrieben sind: „Concedo nulli“ (Ich
mache niemandem Zugeständnisse). Holbein
verstand seinen gelehrten Freund. Das ganze
Blatt wirkt eigentümlich groß, und der sprechende Gesichtsausdruck des Terminus ist ein
Meisterwerk allerersten Rangs. — Die Holzzeichnung „Erasmus im Gehäuse“ war als
Titelblatt zu den Werken des Erasmus bestimmt. Die seltenen ersten Abdrücke sind
unten mit einer zweizeiligen lateinischen Inschrift versehen, die die Ähnlichkeit des Bildnisses preist. In der späteren Ausgabe, die
als Titel zu der von Johannes Frobens
Sohn Hieronymus Froben veranstalteten Ge-
samtausgabe von Erasmus' Schriften im
Jahre 1540 erschien, sind an die Stelle des
einen Distichons deren zwei getreten, in denen
des Zeichners mit ebenso rühmenden Worten
gedacht wird wie des Schriftstellers, der vier
Jahre vor dieser Veröffentlichung seiner ge-
samten Werke gestorben war.

Dieses Blatt war eines der letzten, die
Holbein für den Baseler Buchdruck zeichnete.
In den seiner Abreise nach England voraus-
gehenden Jahren hatte er noch einige sinn-
volle Titel zu theologischen Schriften gezeichnet. Jetzt ging, wie es scheint, die

Abb. 109. Dolchscheide mit Totentanz, Entwurf für Silberarbeit.
Tuschzeichnung im Museum zu Basel.

Abb. 110. Zierleiste. Tuschzeichnung, im Museum zu Basel.

Bilderfeindlichkeit so weit, daß auch eine solche Schmückung geistlicher Bücher Bedenken erregte. Nur ein Blatt gehört noch dieser späteren Zeit an, eine Darstellung des heiligen Paulus in einem Gehäuse von ähnlichem Stil wie jenes des Erasmustitels.

Zum Malen kirchlicher Bilder gab es in Basel jetzt selbstredend gar keine Gelegenheit mehr. Schon zu Ostern 1528 waren aus mehreren Kirchen alle Bilder entfernt worden; im folgenden Jahre brach der wüsteste Bildersturm los. Der Rat war nicht imstande, den Eiferern Widerstand zu leisten. Das Aufstellen religiöser Gemälde in den Kirchen wurde untersagt.

Dem feinen Empfinden des Erasmus, der von den damaligen Vorgängen lebhafte Schilderungen hinterlassen hat, waren solche Rohheiten ein Greuel. Er entschloß sich mit schwerem Herzen, die Stadt, die ihm als „der behaglichste Musensitz" lieb geworden war und wo er seit 1521 sich dauernd angesiedelt hatte, zu verlassen. Er begab sich, von Bonifacius Amerbach begleitet, nach Freiburg im Breisgau. Dort muß ihn auch der befreundete Künstler aufgesucht haben. Denn ein von Holbein gemaltes kleines Bildnis des Erasmus — Kopf in Dreiviertelansicht, die Hände auf einem geöffnet auf dem Tische liegenden Buche ruhend — trägt die Jahreszahl 1530. Das Original dieses Bildes befindet sich in der Gemäldegalerie zu Parma, Kopien davon gibt es in verschiedenen Sammlungen. — Die nämliche Ansicht des Kopfes zeigt ein kostbares Rundbildchen von nur zehn Centimeter Durchmesser im Baseler Museum, Brustbild in schwarzer Kleidung mit braunem Pelz, auf grünlichblauem Hintergrund (Abb. 114).

Wie ein Gegenstück zu dem Miniaturporträt des Erasmus erscheint ein ebenso fein ausgeführtes Bildnis des Melanchthon (Abb. 113), das die königliche Gemäldegalerie zu Hannover besitzt, und das sich noch in der ursprünglichen, mit grau in grau gemalten Ornamenten verzierten Schutzkapsel befindet.

Im Sommer 1530 besann sich der Rat von Basel endlich darauf, daß er noch über eine Gelegenheit verfügte, einem Maler von der Bedeutung und dem schon weit verbreiteten Ruhm Holbeins Thätigkeit zu verschaffen. Er beauftragte ihn mit der Ausmalung der vor acht Jahren unbemalt stehen gelassenen Wand im Rathaussaale. Die Gegenstände wurden diesmal, der veränderten Geistesrichtung entsprechend, nicht aus der klassischen, sondern aus der biblischen Geschichte gewählt. Das eine der beiden großen Gemälde, mit denen Holbein die betreffende Wand bedeckte, zeigte den König Rehabeam, wie er die Abgesandten des Volkes, die um Erleichterung des Joches bitten, mit harter Antwort zurückweist. Das andere zeigt den König Saul, wie er aus dem Feldzuge gegen die Amalekiter heimkehrt und von Samuel hören muß, daß er wegen seines Ungehorsams gegen Gottes Gebot verworfen sei. — Wenn auch die Wandgemälde selbst schon vor Ablauf des XVI. Jahrhunderts durch die Feuchtigkeit zerstört wurden, so lassen uns doch die erhaltenen Entwürfe zu beiden Bildern (im Baseler Museum) erkennen, in wie großartiger Weise Holbein diese Aufgabe gelöst hat; sie zeigen, daß er auch als Monumentalmaler den größten Meistern beizuzählen ist.

Rehabeam ist in einer reichen Halle thronend dargestellt; hinter ihm sitzen zu beiden Seiten seine Räte, die alten, deren Mahnung er unbeachtet gelassen hat, und die jungen, denen er zum Schaden des Reiches folgt. Vor ihm stehen die würdevollen, bejahrten Abgesandten, bestürzt über des Königs Worte und teilweise schon zum Gehen gewendet; denn im höchsten Zorn hat er ihnen eben zugerufen: „Mein kleiner Finger soll dicker sein als meines Vaters Lenden; mein Vater hat euch mit Peitschen gezüchtigt, ich will euch mit Storpionen züchtigen." Durch ein mit der größten Unbefangenheit ersonnenes, höchst ausdrucksvoll sprechendes Gebärdenspiel hat der Künstler diese Worte des Königs verbildlicht:

Rehabeam ftreckt an der den Abgefandten drohend ent-gegengeworfenen Fauft den kleinen Finger aus, und mit der anderen weift er gering-fchätig, ohne den Arm von der Thronlehne zu erheben, auf die Geißel in der Hand eines an den Thronftufen ftehenden Pagen. Außerhalb der Halle fieht man im Hintergrunde die Folgen der eigenwilligen Härte des Herr-fchers: den Abfall eines Teiles des Volkes, verbild-licht durch die Krönung des Gegenkönigs Jerobeam (Abb. 115). Von diefem Entwurf, der als Tufchzeichnung mit einigen Farbenangaben — in der Ferne und den Fenfterdurchbliden in die Luft, im Fleifch und an wenigen anderen Stellen — ausgeführt ift, ift der Meifter bei der Übertragung ins Große wefentlich abge-wichen. Das fieht man an den fpärlichen Reften des Wandgemäldes, die in einiger-maßen erhaltenem Zuftand aufgefunden und in das Mu-feum gebracht worden find. Unter diefen Reften befindet fich der Kopf und die er-hobene Hand Rehabeams

Abb. 111. Zier-leifte. Tufch-zeichnung im Mu-feum zu Bafel.

mit dem ausgeftreckten kleinen Finger; der Kopf, ein Meifterwerk mächtigen Aus-drucks, ift nicht, wie in der Skizze, von vorn, fondern fcharf von der Seite zu fehen. Diefer Stellung des Königs entfpricht eine gleichfalls erhaltene, fehr fchöne Gruppe von Köpfen bedeutficher Zuhörer. Es ift keine Frage, daß der Künftler durch die Gegenüberftellung des Sprechenden und der Angeredeten im Profil ein Mittel zu leb-hafter Steigerung des Eindrucks gewann: fchon deswegen, weil es ihm auf diefe Weife möglich wurde, auch von denjenigen Abge-fandten, die fich noch nicht von dem König ab-wenden, die Gefichter zu zeigen. — Bemerkens-wert ift, daß die kleinen Refte erkennen laffen, daß Holbein auch bei der Wandmalerei die An-wendung von Vergoldung nicht verfchmähte.

Die vorhandene Skizze zu dem anderen Wandgemälde ift etwas weiter durchgebildet, als jene, nicht maßgebend gebliebene des Rehabeambildes. Die vollendete Abgewogen-heit der Kompofition, die fich durch keine Änderung hätte beffer machen laffen, berech-tigt uns zu der Annahme, daß fie im we-fentlichen unverändert beibehalten worden fei. Es ift ein wuchtiges Bild (Abb. 116). Wir fehen das fiegreiche Heer, Reiter und Fußvolk in antiker Rüftung, mit dem ge-fangenen Amalefiterkönig heimkehren. Noch brennen die Burgen und Städte, die der Krieg verheert hat. Aus der Ferne werden die Herden herbeigetrieben, um derentwillen der Sieger den göttlichen Befehl übertreten hat. König Saul fchreitet an der Spitze feiner Streiter: er ift vom Roß geftiegen, um den Propheten Samuel ehrerbietig zu begrüßen. Der aber tritt ihm mit drohend ausgeftrecktem Arm entgegen: man glaubt die gewaltige Stimme vernehmen zu müffen, mit der er den Sieger niederfchmettert: „Will etwa der Herr Brandopfer und Schlachtopfer und nicht vielmehr, daß man gehorche der Stimme des Herren? Weil du des Herren Wort verworfen haft, hat dich der Herr verworfen, daß du nicht Kö-nig feieft." Die Geftalt des einen Mannes ift fo mächtig aufgefaßt, daß fie dem ganzen ihr entgegenmarfchierenden Zuge das Gegen-gewicht bietet. Eine Tafel zur Aufnahme der Worte Samuels, in denen der Inhalt und die mahnende Bedeutung des Bildes ausgefprochen waren, ift in der Skizze an-gegeben. Man hat fich die Infchrifttafel von dem Gebälk der umrahmenden Archi-teftur, von der eine Säule mit auf das Blatt gezeichnet ift, herabhängend zu denken. Das Vorhandenfein diefer Beiwerksangaben fpricht gleichfalls dafür, daß Holbein diefen Entwurf dem Gemälde als maßgebend zu Grunde legte. Von der Farbe des Ge-mäldes befommen wir freilich auch hier keine Vorftellung. Denn die Farbenangaben des Entwurfs befchränken fich auf Blau in der Luft, in den fernen Bergen und in einem die Ebene durchziehenden Wafferlauf, auf Rot in den Bränden und auf eine bräun-liche Antufchung des Geländes, die fich an gegebenen Stellen, wie in den Bäumchen des Mittelgrundes, mit einem blauen Ton zu Grün verbindet. Angaben, die kaum einen anderen Zweck haben, als den, den Hinter-

F·R·ROT

TERMINVS

Corporis effigiem si quis non uidit Erasmi,
Hanc scite ad uiuum picta tabella dabit.

Abb. 112. Erasmus von Rotterdam „im Gehäuse"
Titelholzschnitt zu den Werken des Erasmus.
Nach dem seltenen ersten Druck mit der Unterschrift:
Wenn einer von des Erasmus Gestalt noch kein Bild hat gesehen,
Zeigt ihm ein solches dies Blatt, das nach dem Leben gemalt.
Knackfuß, Holbein der jüngere.

grund zu lockern und die Figuren als etwas
Gesondertes hervortreten zu lassen. Die
Figuren sind braun gezeichnet und mit kalt-
grauen Schattentönen ausgetuscht.

Für den Mangel an sonstigen Aufträgen
konnte die eine große Arbeit den Meister
freilich nicht entschädigen.

Mit wie geringfügigen Arbeiten der
große Künstler wieder vorlieb nehmen mußte,
beweist die Aufzeichnung in den Ratsrech-

nach London. Als er fort war, schickte der
Rat von Basel ihm ein schmeichelhaftes
Schreiben nach und bot ihm ein festes Jahres-
gehalt an, wenn er zurückkehren wollte.
Aber dieses Anerbieten kam zu spät. Denn
Holbein fand in London alsbald reichliche
und lohnende Thätigkeit.

Thomas Morus hatte im Mai 1532
— das war wohl vor Holbeins Ankunft —
die Bürde seines hohen Amtes wieder nieder-

Abb. 113. Philipp Melanchthon. Miniaturölgemälde.
In der königl. Gemäldegalerie zu Hannover.

nungen, daß ihm im Herbst 1531 für
„beide Uhren am Rheinthor zu malen"
vierzehn Gulden ausbezahlt wurden. Der
Betrag von vierzehn Gulden für eine solche
kleine Straßenmalerei erscheint allerdings
verhältnismäßig hoch, wenn man erfährt, daß
für die beiden großen Rathausgemälde nur
72 Gulden gezahlt worden waren.

Der Gedanke, sein Glück von neuem in
England zu versuchen, mußte Holbein um
so verlockender nahe treten, als sein Gönner
Thomas Morus inzwischen das höchste Amt
im Königreich erhalten hatte und als Lordkanzler die Staatsgeschäfte leitete. So wandte
er Basel abermals den Rücken und reiste

gelegt. Der glänzende Kreis, in' den der
Lordkanzler ihn würde eingeführt haben,
öffnete sich dem Künstler nicht gleich. Aber
ein anderer Kreis nahm ihn auf, der ihm
Verkehr in Sprache und Sitten der Heimat
und reichliche Verwertung seines Könnens
bot. Das waren die deutschen Kaufleute,
deren sehr viele in London ansässig waren
und die miteinander eine geschlossene Ge-
meinschaft bildeten. Ihr Vereinigungspunkt
war der sogenannte Stahlhof, ein Besitztum
der Hansa, in dem sich um das alte Gilde-
haus Warenlager und Wohnhäuser reihten,
dem auch ein eigenes Weinhaus und ein
wohlgepflegter Garten nicht fehlten.

In den Jahren 1532 und 1533 malte Holbein eine ganze Anzahl von Bildnissen deutscher Kaufleute vom Stahlhof. Das schönste von diesen, ein Juwel der Malerei, befindet sich im Berliner Museum. Der darin abgebildete jugendliche, blondhaarige Mann heißt Georg Gißze oder Gyze, wie das Gemälde selbst uns mitteilt (Abb. 117). Wir sehen ihn, bekleidet mit einem seidenen

schlußstreifen für Briefe. Zu den Gebrauchs- und Geschäftsdingen kommt ein zierliches Gefäß von feinstem venezianischen Glase, mit Wasser gefüllt, in dem Nelken stecken; die Nelke bezeichnet in der Blumensprache der Zeit den glücklich Liebenden, sie ist vorzugsweise die Blume von Bräutigam und Braut. Georg Gißze ist eben damit beschäftigt, mit echt niederdeutscher Gemächlich-

Abb. 114. Erasmus von Rotterdam. Miniaturölgemälde. Im Museum zu Basel. (Nach einer Originalphotographie von Braun, Clément & Cie. in Dornach i. E. und Paris).

Wams von kalter roter Farbe und einem Überrock von schwarzem Tuch, der vorn am Halse über dem Ausschnitt der Unterkleidung das feingefältete Hemd frei läßt, mit einer schwarzen Tuchmütze auf dem Kopf, in seiner Arbeitsstube. Es umgeben ihn all die kleinen Dinge des täglichen Gebrauchs, auf dem mit einem prächtigen Teppich bedeckten Tische vor ihm und auf den an der grün angestrichenen Holzwand angebrachten Bordbrettern so verteilt, wie er gewohnt ist, sie zur Hand zu haben. An Leistchen, welche an der Wand entlang gehen, stecken Briefe in großer Zahl, auch Briefpapier und Ver-

keit einen Brief aus der Heimat zu öffnen, auf dem wir die Aufschrift lesen können: „dem erſamen jergen gißze to lunden in engelant, mynem broder, to handen.“ An der Wand steht mit Kreide angeschrieben: „nulla sine merore voluptas“ (keine Lust ohne Kummer) und darunter die Unterschrift „G. Gyze.“ Ein weiter oben an die Wand gehefteter Zettel enthält ein paar das Bildnis lobende Verse, die Angabe des Alters von 34 Jahren und die Jahreszahl 1532. Richtig ist das vom malerischen Standpunkt aus ja nicht, daß man auf die Entfernung, in der die Wand hinter der dem Bildrand

8*

berührenden vorderen Tischkante liegt, eine so feine Schrift noch entziffern kann. Aber wie das und wie alle die anderen kleinsten Einzelheiten gemacht sind, das ist bewunderungswürdig; eine vollendetere Ausführung hat kein Stillebenmaler jemals erreicht. Gewiß war dieses Bild eines der ersten, vielleicht das allererste, das er für ein Mitglied des Stahlhofes malte. Da hat er sich durch eine Art von Meisterstück empfehlen wollen und hat all die Kleinigkeiten in das Bild hineingepackt, an denen er seine Geschicklichkeit glänzend zur Schau stellen

scharf ausgeführten Nebendinge die Hauptsache nicht erdrücken zu lassen, daß er es vermocht hat, durch all den Kleinkram hindurch seine künstlerische Empfindung, den großen Farbengedanken und das lebendig erfaßte Wesen der Persönlichkeit, zu uns sprechen zu lassen, das ist das Bewunderungswürdigste an diesem wunderbaren Bilde.

Die Jahreszahl 1532 tragen ferner das mit liebenswürdiger Einfachheit aufgefaßte Bildnis eines jungen Mannes in der Gemäldesammlung des gräflich Schönbornschen Palastes zu Wien (Abb. 118), und ein

Abb. 115. König Rehabeam und die Abgesandten des Volkes. Getuschte Zeichnung mit einigen Farbenangaben. (Entwurf zu einem Wandgemälde im Baseler Rathaus (1530). Im Museum zu Basel. (Nach einer Originalphotographie von Braun, Clément & Cie. in Dornach i. E. und Paris.)

konnte. Denn Leute von so nüchternem praktischen Sinne, wie er aus den Zügen dieses ehrsamen Kaufmannes spricht, sind eher befähigt, die mit dem Verstande zu würdigende Geschicklichkeit eines Künstlers zu bewundern und zu schätzen, als aus der nur dem feineren Empfindungsvermögen zugänglichen Mitteilung der künstlerischen Empfindung, der eigentlichen Kunst, den wirklichen Kunstgenuß zu ziehen. Angesichts der äußersten Vollendung, mit der in diesem Bilde alle Dinge zur körperlichen Erscheinung gebracht sind, begreift man die Lobpreisungen derjenigen Zeitgenossen des Meisters vollkommen, die an seinen Werken vor allem die Augentäuschung bewunderten. Daß aber Holbein es fertig gebracht hat, durch all die haar-

in der Sammlung des Windsorschlosses bewahrtes Bild eines mit seinen Briefschaften beschäftigten bärtigen Mannes (Abb. 119), in dem man nach der nicht ganz deutlichen Briefaufschrift den Goldschmied Hans von Antwerpen zu erkennen glaubt. Die Niederländer gehörten mit zu der deutschen Kolonie in London.

Unter den Bildnissen des Jahres 1533 seien dasjenige des Derich Tybis aus Duisburg, in der kaiserlichen Gemäldegalerie zu Wien (Abb. 120), und das eines unbenannten Mannes mit blondem Bart im königlichen Museum zu Berlin (Abb. 121) hervorgehoben.

Ein Selbstporträt des Meisters aus diesem Jahr, in Miniaturformat ausgeführt, soll sich zu Prag in Privatbesitz befinden.

Aber nicht Bildnisse allein malte Holbein im Stahlhof. Es wurde ihm auch Gelegenheit zur Ausführung monumentaler Gemälde geboten. Er schmückte den Festsaal des alten Gildehauses mit zwei großen allegorischen Bildern, die er indessen nicht auf der Wand, sondern mit Temperafarben auf Leinwand ausführte. Dieselben stellten in figurenreichen friesartigen Zügen den „Triumph des Reichtums" und den „Triumph der Armut" dar; ihr belehrender Inhalt war, daß der Reichtum sowohl wie die Armut edler Tugenden bedürfen, um zum Guten geführt zu werden. Wieder sind es nur Abbildungen und eine kleine,

— wie solche auch die Antwerpener beim Einzuge Karls V veranstalteten — und zeigte auf einem prachtvollen Renaissanceaufbau den Parnaß mit Apollo und den Musen.

Die Beziehungen Holbeins zum Stahlhofe dauerten mehrere Jahre. Die Jahreszahlen auf Bildnissen deutscher Kaufleute gehen bis 1536. Von da an wurde er durch höhere Kreise in Anspruch genommen. Durch wessen Vermittelung er in Beziehungen zum königlichen Hofe kam, wissen wir nicht. Es gibt aus dieser Zeit keine anderen Lebensnachrichten über ihn, als das, was seine Werke erzählen. Von Thomas

Abb. 116. Samuel verkündet Saul den Zorn Gottes. Getuschte und teilweise kolorierte Zeichnung, Entwurf zu einem Wandgemälde für den Baseler Rathaussaal. Im Museum zu Basel.

im Louvre zu Paris bewahrte Skizze, nach denen wir uns einen ungefähren Begriff von der Schönheit dieser Gemälde machen können, die selbst von Italienern des XVI. Jahrhunderts ebenso hoch und höher geschätzt wurden als die Schöpfungen Raffaels. — Mit derselben Meisterschaft, mit denen er monumentale Werke ausführte, entwarf Holbein gelegentlich Dekorationen, die nur zur Verschönerung eines schnell vorüberrauschenden Festes dienten. Als am 31. Mai 1533 Anna Boleyn im Krönungszuge vom Tower nach Westminster fuhr, prangten die Straßen, welche der Zug berührte, im reichsten und prächtigsten Schmuck. Den am meisten bewunderten Glanzpunkt von allem bildete dabei die von Holbein entworfene Festdekoration, welche die Kaufleute des Stahlhofes errichtet hatten. Es war eine Schaubühne mit lebenden Bildern

Morus kann seine Einführung bei Hofe nicht ausgegangen sein; denn der ehemalige Lordkanzler stand wegen seiner entschiedenen Nichtbilligung der Schritte, durch die König Heinrich VIII. den Bruch mit der römischen Kirche vollzog, tief in Ungnade: als Märtyrer seiner Glaubensfestigkeit endete er am 6. Juli 1535 sein Leben auf dem Schafott, im Verein mit dem achtzigjährigen Bischof Fisher.

Die erste Kunde von Holbeins Verkehr mit englischen Herren nach seiner zweiten Ankunft in London gibt das Bild des königlichen Falkners Robert Cheiseman, vom Jahre 1533, in der Gemäldegalerie im Haag. Der nach der Angabe auf dem Bilde im 48. Jahre stehende Mann ist in annähernd lebensgroßer Halbfigur dargestellt, in rotseidenem Wams und schwarzer, pelzbesetzter Oberkleidung; er trägt den Jagdvogel

— ein Prachtstück von Malerei — auf der behandschuhten linken Faust und streichelt ihn beruhigend mit der Rechten; sein

Jahreszahl trägt ein in der Sammlung eines englischen Hauses befindliches Doppelbildnis, das den Namen „die Gesandten" führt und

Abb. 117. Georg Giße, Kaufmann vom Stahlhof zu London. Ölgemälde von 1532.
Im königl. Museum zu Berlin.
(Nach einer Photographie von Franz Hanfstängl in München.)

Gesicht mit den scharfen Zügen und den ins Weite spähenden Augen hat selbst etwas von dem Wesen und dem Ausdruck eines Edelfalken angenommen (Abb. 122). — Aus dem Jahre 1537 sind bereits Bildnisse von Persönlichkeiten vorhanden, die König Heinrich VIII. sehr nahe standen. Diese

das als ein Hauptwerk Holbeins gerühmt und in Bezug auf die Ausführung mit dem Porträt des Georg Giße verglichen wird. In dem einen der in diesem Gemälde lebensgroß in halber Figur abgebildeten vornehmen und gelehrten Herren erkennt man des Königs Liebling, den „unvergleichlichen Ritter" Tho-

Abb. 118. Bildnis eines deutschen Kaufmanns in London, von
In der Schönborngalerie in Wien.

Abb. 119. Ein Kaufmann vom Stahlhof zu London. Ölgemälde von 1532, in der Sammlung des Schlosses Windsor. (Nach einer Originalphotographie von Braun, Clément & Cie. in Dornach i. E. und Paris.)

mas Wyat. Ebenfalls in englischem Privatbesitz befindet sich das Bildnis des Thomas Cromwell, das spätestens im Anfang des Jahres 1534 entstanden sein muß; diese Zeitbestimmung ergibt sich aus dem auf einem gemalten Briefe zu lesenden Titel des aus bescheidenen Anfängen zu einflußreicher Stellung emporgestiegenen Mannes, der die Trennung der englischen Kirche von der römischen in einem weitergehenden Sinne, als es anfänglich vom König beabsichtigt war, durchführte.

Im Jahre 1535 erschien eine Prachtausgabe der ganzen Heiligen Schrift in englischer Sprache, übersetzt von Coverdale. Das Buch, das nicht in England, sondern in Zürich gedruckt wurde, war König Heinrich VIII gewidmet. Sein Titelblatt schmückte eine sehr schöne Einfassung von Holbein. Diese Titelzeichnung setzt sich aus einer Anzahl von Bildchen zusammen, die nach mittel-

alterlichem Herkommen, aber in neuer Auffassung Gegenüberstellungen von Begebenheiten des alten und des neuen Bundes enthalten. In dem Kopfstreifen sind Sündenfall und Erlösung dargestellt: hier Adam und Eva unter dem Baum, dort dem Grabe entstiegene Heiland, der über Tod und Hölle triumphiert; beides Zeichnungen von überraschender Schönheit der Figuren. Dann folgen an den Seiten herunter hier Moses, der auf dem Sinai die Gesetztafeln empfängt, und Esra, der den aus der babylonischen Gefangenschaft zurückkehrenden Juden das alte Gesetz vorliest, dort Christus, der seine Jünger in alle Welt entsendet, und die predigenden Apostel. Unten stehen der König David und der Apostel Paulus einander gegenüber. Zwischen diesen beiden Einzelgestalten sieht man Heinrich VIII. im königlichen Schmuck auf dem Thron sitzen; vor ihm knieen die Fürsten und Bischöfe Englands, und er überreicht den letzteren ein Buch, die Heilige Schrift in der Landessprache. — Es ist bemerkenswert, daß der König in diesem kleinen, übrigens — vielleicht durch die Schuld des Holzschneiders — nicht sehr porträtähnlichen Bild bereits, entgegen der bis dahin in England geltenden Sitte, einen Vollbart trägt, was nach seinem Beispiel alsbald allgemeine Mode wurde.

Holbein führte in dieser Zeit wieder mehrere Holzzeichnungen aus. In ein paar kleinen Blättern, die erst nach seinem Tode, in dem Katechismus des Erzbischofs Cranmer zur Veröffentlichung kamen, spiegelte sich die Stimmung wieder, welche das erschreckende Ergebnis der von Cromwell veranstalteten amtlichen Besichtigung der englischen Klöster hervorrief. In diesen Holzschnitten, die das Gleichnis vom Pharisäer und Zöllner und Christus, den Besessenen

Abb. 121. Bildnis eines in London ansässigen Deutschen, von 1533. Im königl. Museum zu Berlin
(Nach einer Photographie von Franz Hanfstängl in München.)

heilend, darstellen, sind die Pharisäer als Mönche gezeichnet. Das letztere Blättchen hat Holbein, entgegen seiner Gewohnheit, mit seinem vollen Namen unterschrieben. So auch einen ähnlichen kleinen Holzschnitt, der in einer Flugschrift erschien, eine Darstellung des guten Hirten, bei der der schlechte Hirt, der seine Herde im Stiche läßt, wieder als Mönch erscheint. Eine in dem nämlichen Sinne, aber noch schärfer gehaltene Folge kleiner Handzeichnungen, eine Darstellung der Leidensgeschichte Christi in 22 Blättern, ist verschwunden. Sandrart, dem sie der Graf von Arundel, ihr damaliger Besitzer, zeigte, erwähnt sie in seiner „Teutschen Akademie," und von sechzehn derselben gewähren Kupferstichnachbildungen aus dem XVII. Jahrhundert eine nur ungenaue Anschauung.

Eine Bildniszeichnung auf Holz fertigte Holbein im Jahre 1535 an. Der französische Dichter Nikolaus Bourbon von Vandoeuvre hielt sich damals in England auf. Holbein malte sein Bild, und zwar stellte er ihn schreibend dar; aber nicht, wie einst den gelehrten Erasmus, gesenkten Blickes in die Schrift vertieft, sondern mit sinnendem Dichterauge ins Weite schauend. Was der Dichter während der Sitzung schrieb, war ein schmeichelhafter Ausdruck seiner Bewunderung für den Künstler. Nach diesem Bildnis — die Zeichnung desselben befindet sich in der Sammlung des Windsorschlosses (Abb. 123) — machte Holbein dann das Holzschnittbild, das bestimmt war, eine Ausgabe von lateinischen Gedichten Bourbons zu schmücken. Diese Ausgabe erschien zu Lyon im Jahre 1538, und in demselben Jahre stattete Bourbon in seiner Kunst dem Maler seinen Dank ab: er war der Verfasser der lobpreisenden Einleitungsverse zu Holbeins Bildern aus dem Alten Testament.

Unter jenen Gedichten Bourbons trägt eins die Überschrift: „Auf ein Gemälde des königlich britanischen Malers Hans, meines Freundes." Dieses besungene Gemälde war das Bildnis eines schlafenden Knaben von der Schönheit eines Liebesgottes, gemalt auf ein Elfenbeintäfelchen. Es war also ein Miniaturbild.

Daß Holbein, der ja so überaus fein zu malen verstand und Ölbilder von ganz

Nicholas Borbonius Poeta.

Abb. 123. Der Dichter Nikolaus Bourbon von Vandœuvre. Zeichnung in schwarzer und farbiger Kreide. In der Bibliothek der Königin von England im Windsorschlosse.
(Nach einer Photographie von Franz Hanfstängl in München.)

kleinem Maßstab mit der höchsten Vollendung ausarbeitete, sich in England in der eigentlichen Miniaturmalerei versucht habe, wird auch von anderer Seite berichtet. Miniaturmalerei war damals nicht mehr ausschließlich das, was die ursprüngliche Bedeutung des Wortes besagt, farbige Ausschmückung von Handschriften, sondern das Verfahren der Buchmalerei wurde auf selbständige Bildchen kleinsten Maßstabes angewendet. Schließlich hat das Wort ja seine Bedeutung so verändert, daß man heute jedes sehr kleine Gemälde als ein Miniaturgemälde bezeichnet, einerlei in welcher Technik es gemacht sein mag.

Holbein soll das Verfahren der Miniaturmalerei dem am englischen Hofe angestellten Niederländer Lukas Horebout abgesehen haben, einem Bruder jener Susanna, deren Kunstfertigkeit Dürer in Antwerpen bewundert hatte und die jetzt als Gattin eines

königlichen Bogenschützen in London lebte. Holbein soll sein Vorbild nach kurzer Zeit der Übung weit übertroffen haben.

Viele in englischem Besitz befindliche Miniaturbildnisse, zum Teil auf Stücke von Spielkarten gemalt, gelten als Arbeiten Holbeins. Ein unzweifelhaftes Werk seiner Hand ist das mit der Jahreszahl 1535 bezeichnete Bildchen des fünfjährigen Henry Brandon, Sohnes des Herzogs von Suffolk: es befindet sich in der Bibliothek des Schlosses Windsor (Abb. 124). Dann zwei im Besitze der Familie Seymour befindliche zusammengehörige Bildchen von 1536: die Porträts von König Heinrich VIII.

und Jane Seymour, der jungen Königin, die im Mai dieses Jahres an die Stelle der beklagenswerten Anna Boleyn getreten war.

Holbein stand im Jahre 1536 als angestellter Maler des Königs, der ein festes Jahresgehalt bezog, im Dienste Heinrichs VIII. Die erste sichere Bezeugung von seinem Eintritt in diese Stellung findet sich in einem Brief, den Nikolaus Bourbon von der Heimat aus an einen Freund am englischen Hofe schrieb; darin sendet der Dichter seine Grüße neben anderen Herren vom Hofe an „Herrn Hans, den Apelles unserer Zeit" und nennt denselben mit dem Titel „königlichen Maler" — wie in der Überschrift des zwei Jahre später veröffentlichten Gedichts.

Von nun an finden wir Holbein fast ausschließlich als Bildnismaler des königlichen Hofes und der höchsten Aristokratie des Landes thätig.

Den ersten Rang unter Holbeins Hofbildnissen nimmt das auch der Zeit nach voranstehende Porträt von Jane Seymour ein, das sich in der kaiserlichen Gemäldegalerie zu Wien befindet (Abb. 127). Die Königin ist in nicht ganz lebensgroßem Maßstab in halber Figur dargestellt. Sie trägt ein dunkelrotes Kleid über einem Rock von Silberbrokat, dem Unterärmel aus dem nämlichen Stoff entsprechen. Ihre gepriesene rein weiße Hautfarbe leuchtet klar und kühl aus dem Purpurton des Kleides hervor, an dem schönen Hals und dem still und bescheiden blickenden Gesicht von reichlichem Perlen- und Goldschmuck umsäumt, an den feinen Händen, deren ruhiges Ineinanderliegen dem Gesichtsausdruck so treffend entspricht, mit dem Weiß der in kostbarer Arbeit verzierten Ärmelvorstöße wetteifernd. Es ist ein wahrhaft königliches Bild.

Heinrich VIII. ließ sich von Holbein in einem Wandgemälde porträtieren, im „Königsgemach" des Schlosses Whitehall. Das Gemälde, das im Jahre 1537 fertig wurde, bestand aus einer Zusammenstellung von vier stehenden Bildnißfiguren auf reichem architektonischen Hintergrund: Heinrich VIII., seine Eltern Heinrich VII. und Elisabeth von York und seine Gemahlin Jane Seymour; die beiden Könige rechts im Bilde (also links vom Beschauer), die Königinnen links: die Vorfahren etwas zurückstehend, die Lebenden im Vordergrunde. Wie alle monumentalen Schöpfungen Holbeins ist auch dieses Wandgemälde untergegangen. Es fiel dem Brande des Schlosses Whitehall im Jahre 1698 zum Opfer. Eine kleine Kopie desselben, die König Karl II. anfertigen ließ, wird in der Sammlung des Schlosses Hamptoncourt aufbewahrt. Wichtiger noch für die Würdigung dieses Meisterwerkes Holbeins ist ein erhaltenes Stück des Kartons, das zur Übertragung der Zeichnung des Gemäldes auf die Wand gedient hat. Dieses Stück, das sich im Besitz des Herzogs von Devonshire befindet, enthält die Figuren der beiden Könige; es ist nicht nach der gewöhnlichen Art solcher Hilfszeichnungen mit Kohle, sondern mit dem Pinsel in schwarzer und weißer Leimfarbe ausgeführt. Das Münchener Kupferstichkabinett bewahrt die in der gewohnten Art des Meisters nach dem Leben gezeichnete Studie zu dem Kopf Heinrichs VIII. (Abb. 125). — Wenn es des Königs eigenster Gedanke war,

das Ansehen seiner Person in einem Monumentalgemälde auf die Nachwelt zu bringen und das ganze Gemälde nur aus seinem, seiner — in diesem Augenblick sicher wirklich von ihm geliebten — Frau und seiner Eltern Bildnissen bestehen zu lassen, so war Holbein der geeignetste Meister dazu, um aus dem Porträtstück ein monumentales Geschichtsbild zu machen. In den Gestalten des verstorbenen Königspaares hat er das, was vorhandene Bildnisse ihm gaben, beseelt. Bei den Lebenden hat er in den Abbildern der Wirklichkeit großartige Charakterbilder geschaffen. Jane Seymour erscheint in der nämlichen Auffassung, wie in dem Wiener Ölgemälde, als „die stille Königin." Heinrich VIII., in überreicher, juwelengeschmückter Kleidung, steht mit gespreizten Beinen da, stark und breitschultrig, mit einem Kopf von mächtigem Knochenbau und weichem Fleisch, mit einem harten und doch fesselnden Blick aus kleinen Augen unter hochgeschwungenen Brauen und mit einem wohlgeformten Mund von sinnlich und zugleich thatkräftigem Ausdruck, das ganze Gesicht ein Bild der Rücksichtslosigkeit, unter der die von Natur vorhandenen ansprechenderen Züge verschwinden; die rechte Faust ist herausfordernd auf die Hüfte gesetzt, die Linke spielt mit dem Gehänge des Dolches. So steht er im Bilde dem Beschauer gegenüber als der Heinrich VIII. der Geschichte. — Die vorhandenen Ölgemälde, die das Bildnis des Königs wiedergeben, sind sämtlich Nachbildungen des Fres

Abb. 124. Heinrich Brandon, Sohn des Herzogs von Suffolk. Miniaturbild von 1545. In der Bibliothek der Königin von England im Windsorschloß. Nach einer Photographie von Franz Hanfstaengl in München.

kogemäldes von Whitehall. Keines derselben scheint von Holbeins eigener Hand ausgeführt zu sein (Abb. 126).

Allem Anschein nach war Heinrich VIII. von der Auffassung, in der Holbein ihn in

thronend dargestellt, von seinen Räten umgeben.

Das schönste Holbeinsche Porträt, welches Deutschland besitzt, muß seiner Entstehungszeit nach dem Wandbild in Whitehall

Abb. 125. Heinrich VIII., König von England. Kreidezeichnung nach dem Leben.
Im königl. Kupferstichkabinett zu München.

Whitehall an die Wand malte, so voll befriedigt, daß er es für unnötig hielt, ihm später noch einmal zu einem anderen Bilde zu sitzen.

Ein Holzschnittbildnis des Königs — dazu brauchte er keine Sitzung — zeichnete Holbein als Titelblatt zu Halls Chronik. In diesem großen Blatt ist Heinrich VIII.

nahe stehen. Es ist das Bild des Hubert Morett in der Dresdener Gemäldegalerie (Abb. 128). Dieser Mann gehörte zwar nicht zu den großen Herren bei Hofe, aber er hatte doch sehr viel bei Hofe zu thun. Er war des Königs Juwelier. Als er sich von dem Hofmaler in Lebensgröße porträtieren ließ, hat er sichtlich den Wunsch zu erkennen

Abb. 126. König Heinrich VIII.
(Bartholomäus ...)
(Nach einer Original ...)

Abb. 127. Jane Seymour, Königin von England. Ölgemälde in der kaiserl. Gemäldesammlung zu Wien. Nach einer Photographie von F. Löwy in Wien.

gegeben, in ähnlicher Haltung abgebildet zu
werden, wie sein königlicher Gebieter. Wie
dieser hat er sich in gerader Vorderansicht
hingestellt, die Rechte mit dem ausgezogenen
Handschuh unter dem Gürtel aufgesetzt und
die Linke an den Dolch gelegt. Es ist
interessant, dieses Gemälde hinsichtlich der
Auffassung mit dem anderen in Deutsch=
land befindlichen Meisterwerk von Holbeins
Bildniskunst, dem Gisze in Berlin, zu ver=
gleichen. Der deutsche Kaufherr ist in
seiner täglichen Geschäftsthätigkeit darge=
stellt; der englische Goldschmied aber steht
prunkend da. Er füllt mit seiner statt=
lichen Persönlichkeit und seiner reichen
Kleidung das ganze Bild. Ein grün=
seidener Vorhang bildet den Hintergrund
und erzeugt mit dem warmen Ton des
Fleisches und des rötlichen, grau gemisch=
ten Bartes, mit dem Goldschmuck, mit
dem schwarzen Atlas, dem braunen Pelz
und dem weißen Unterzeug der Kleidung
eine so wunderbare Farbenwirkung, wie
sie auch von Holbein selbst niemals über=
troffen worden ist.

Morett mag damals oft Gelegenheit
gehabt haben, mit Holbein in nahen Ver
kehr zu kommen. Denn gewiß hat er
manches Prachtstück in Gold und Silber
nach dessen Zeichnung ausgeführt. Der
König machte reichlichen Gebrauch von
seines Malers Kunstfertigkeit im Entwerfen
kunstgewerblicher Dinge. Viele dahin ge
hörige Zeichnungen Holbeins haben sich
erhalten. Das meiste findet sich in zwei
Skizzenbüchern, von denen das eine im
Britischen Museum zu London, das andere
im Baseler Museum bewahrt wird. In
dem Baseler Buch steht bei einer Zeichnung
die Jahreszahl 1537. Da gibt es Ent=
würfe zu allen möglichen Dingen, zu Ge=
fäßen verschiedenster Art, zu Handspiegeln
und anderem Toilettegerät, zu Degengriffen,
zu Ohrgehängen, Agraffen und sonstigen
Schmucksachen für Herren und Damen; jedes
Ding ein Musterwerk edlen Geschmacks in der
Gesamtform und in der reichen, fast überall
durch Figuren belebten Ausschmückung. Eine
Anzahl der Zeichnungen gibt bloß figürliche
Kompositionen, in zartester Durchbildung
ausgeführt, die augenscheinlich als Vorbilder
für seine, zierliche Edelmetallarbeiten be=
stimmt waren. Die Gegenstände der Dar=
stellungen sind bald der Mythologie oder

Abb. 129. Prinzessin Christine von Dänemark,
Herzoginwitwe von Mailand. Gemälde von 1538,
im Besitz des Herzogs von Norfolk.

der Geschichte des klassischen Altertums, bald
der Bibel entnommen; Religiöses und Alle=
gorisches, auch Heraldisches kommt hinzu.
Häufig sind auch Sinnsprüche oder sonstige
Aufschriften angebracht, aus denen sich in
einzelnen Fällen ein Schluß darauf ziehen
läßt, wem der König, der wohl meistens
der Besteller war, das Schmuckstück zuge
dacht hatte. Auch minder anspruchsvollen
Dingen, wie Knöpfen, Quasten, Borten
und Stickereien, ließ Holbein seine künst
lerische Erfindungsgabe zugute kommen.
Dabei wußte er an die Stelle seines sonsti
gen malerisch plastischen Stils einen arabes
kenhaften Flächenstil von ebenso reinem

Abb. 130. Eduard, Prinz von Wales. Ölgemälde in der königl. Gemäldegalerie
zu Hannover.

Geschmack zu setzen. — Ein Hauptwerk ist der in Federzeichnung mit Angabe des farbigen Zusammenwirkens von Gold, Perlen und Edelsteinen ausgeführte Entwurf eines großen, reich gegliederten Pokals. Das Blatt befindet sich in der Universitätsbibliothek zu Oxford. Das Prachtgefäß war für die Königin Jane Seymour bestimmt; es trägt deren Wahlspruch: „Zum Gehorchen und zum Dienen verbunden" und die aneinander geknüpften Buchstaben H und J (Henry und Jane). — Von keinem der berühmtesten Meister der Zierkunst der Renaissance wird

Holbein an Reichtum und Vornehmheit des Geschmacks übertroffen. — Als einen großen Meister baukünstlerischen Schmuckstils offenbart er sich in einer im Britischen Museum bewahrten Zeichnung, die den Entwurf zu einem Kamin enthält, einem zweigeschossigen Säulenaufbau, der mit mannigfaltigem Zierwerk und mit Figurendarstellungen reich geschmückt ist und sich durch die Anbringung des englischen Wappens und des Namenszuges Heinrichs VIII als für ein königliches Schloß bestimmt zu erkennen gibt.

Im März 1538 reiste Holbein im Auf-

Abb. 131. Anna von Cleve. Ölgemälde auf Pergament, von 1539. Im Museum des Louvre in Paris.
Nach einer Originalphotographie von Braun, Clément & Cie. in Dornach. — Text zu Seite

Abb. 132. Katharina Howard, Königin von England. Miniaturbildchen in der königl. Bibliothek des Windsorschlosses. (Nach einer Photographie von Franz Hanfstängl in München.)

trag des Hofes nach Brüssel. Als Jane Seymour, nachdem sie am 12. Oktober 1537 einem Prinzen das Leben gegeben hatte, gestorben war, sannen des Königs Räte, vor allen Thomas Cromwell, der jetzt die ganzen Staatsgeschäfte leitete, auf eine möglichst baldige neue Ehe des Königs. Dieser selbst schien anfangs abgeneigt. Als aber nach verschiedenen anderen festländischen Prinzessinnen Christine von Dänemark, die Witwe des Herzogs Francesco Maria Sforza von Mailand, genannt wurde, zog er die Sache ernstlich in Erwägung. Die im Alter von dreizehn Jahren zur Witwe gewordene Prinzessin war die Tochter des Königs Christian II von Dänemark und der Königin Isabella, der Schwester Kaiser Karls V. Politische Gründe sprachen dafür, durch die Vermählung mit der Nichte des Kaisers freundschaftlichere Beziehungen zu diesem anzubahnen, in dieser Ehe ein Mittel zu suchen, daß der Kaiser die Schmach vergäße, die Heinrich VIII ihm durch die Verstoßung seiner ersten Gemahlin Katharina von Aragon, der Tante Karls V, angethan hatte. Aber vor allem handelte es sich darum, zu erfahren, ob die Prinzessin auch dem persönlichen Geschmack des Königs behagte. Darum wurde Holbein abgesandt, um ihr Bildnis zu malen. Am 10. März 1538 traf er, von einem Diener Cromwells begleitet, in Brüssel ein, wo die Herzogin

Christine bei ihrer Tante, der Statthalterin der Niederlande, verweilte. Der englische Geschäftsträger in Flandern, John Hutton, hatte inzwischen schon ein für seinen König bestimmtes, von einem ungenannten Maler angefertigtes Porträt der Herzogin abgeschickt. Aber als Holbein ankam, ließ Hutton den mit dem Bild unterwegs befindlichen Boten durch einen Eilboten zurückhalten; denn er war, wie er an Cromwell berichtete, der Meinung, jenes Porträt sei „weder so gut, wie die Sache es verlangte, noch wie Herr Hans es würde machen können." Am folgenden Tage bat er die Herzogin um die Erlaubnis, daß der zu diesem Zweck vom englischen Hofe hergeschickte Maler sie malen dürfe. Gleich am nächsten Tage, am 12. März, gewährte die Herzogin Christine Holbein eine Sitzung. „Der," so berichtete Hutton an Cromwell, „wenn er auch nur drei Stunden Zeit hatte, erwies sich als Meister in der Kunst, denn das Bild ist ganz vollkommen." — Das Gemälde, welches Holbein nach jener in drei Stunden gemachten Aufnahme, die wohl eine Zeichnung in seiner bekannten Art war, ausführte, wurde ein Meisterwerk. Es befindet sich jetzt im Besitze des Herzogs von Norfolk. Während jener andere Maler die Prinzessin in großer Kleiderpracht abgebildet hatte, malte Holbein sie so, wie sie ihm zuerst entgegentrat, in ihrer italienischen Witwentracht. Er malte sie in ganzer Figur, um ihren schönen hohen Wuchs zu zeigen. Wie die Sechzehnjährige, ein noch halb kindliches Wesen, in der ernsten, schwarzen Kleidung ganz schlicht dasteht, das ist mit der höchsten künstlerischen Größe aufgefaßt, einfach, natürlich, vornehm und liebenswürdig (Abb. 129).

Im Sommer desselben Jahres schickte der König den Maler abermals nach dem Festland, und zwar nach Hochburgund, — wir wissen nicht mit welchem Auftrag. Bei dieser Gelegenheit machte Holbein einen kurzen Besuch bei den Seinen in Basel. Er traf um den Anfang des September dort ein. Seine Mitbürger sahen den im Auslande zum großen Herrn gewordenen Maler mit Verwunderung an. „Da er aus England wieder gen Basel auf eine Zeit kam, war er in Seiden und Sammet bekleidet, da er vormals mußte Wein am Zapfen kaufen." So wird über ihn berichtet: es war

in den Augen der Zeitgenossen ein über-
zeugendes Zeichen von Dürftigkeit, wenn
einer seinen Bedarf an Wein im Wirtshaus
holen ließ, statt vom eigenen Vorrat im
Keller. Holbein hatte allen Grund, die
Verhältnisse in England glücklich zu preisen.
In den Rechnungsbüchern des englischen
Hofes ist sein Gehalt seit dem Frühjahr
1538 ermittelt worden; nach den damaligen
Wertverhältnissen des Geldes wird berechnet,
daß sein Jahressold einem Betrag von 360
Pfund Sterling heutigen Wertes gleichkam.
— Die Regierung von Basel bemühte sich
wiederum, und zwar sehr ernsthaft, den
Meister an die Stadt zu fesseln. In einer
am 16. Oktober 1538 ausgefertigten Urkunde
versprachen Bürgermeister und Rat „unserem
lieben Bürger Hans Holbein" ein jährliches
Gehalt in der für die damaligen Baseler
Verhältnisse ganz ansehnlichen Höhe von
fünfzig Gulden, „aus besonderem geneigten
Willen, weil er seines Kunstreichtums halber
vor anderen Malern weit berühmt ist, in
Erwägung ferner, daß er uns in Sachen
unserer Stadt — Bauangelegenheiten und
anderes, dessen er Verstand trägt, betreffend
— mit seinem Rate dienstbar sein könne,
und daß er endlich, falls wir einmal bei
Gelegenheit Malwerk auszuführen hätten,
uns dasselbige, jedoch gegen geziemende Belohnung, getreulich fertigen solle." Da nach
Holbeins Aussage zu erwarten war, daß er
innerhalb der nächsten zwei Jahre kaum in
Gnaden vom Hofe des Königs von England
würde scheiden können, so wurde ihm ein zwei-
jähriger Urlaub nach England gewährt. In
diesen zwei Jahren sollte anstatt des ihm
zugesicherten Dienstgeldes ein jährlicher Betrag von vierzig Gulden an seine Hausfrau
in Basel gezahlt werden. Wenn er nach
Ablauf des bewilligten Urlaubs sich wieder
in Basel niederlassen haben würde, so
sollte er durch den Bezug des städtischen Ge-
haltes keineswegs in der anderweitigen Verwertung seiner Kunst behindert werden.
„Da wir," so lautet die hierauf bezügliche
bemerkenswerte Stelle, „wohl ermessen können,
daß besagter Holbein mit seiner Kunst und
Arbeit, so weit mehr wert, als daß sie an
alte Mauern und Häuser vergendet werden
solle, bei uns allein nicht aufs beste zu seinem
Vorteil kommen mag, so haben wir deshalb
besagtem Holbein gütlich nachgelassen, daß
er ... um seiner Kunst und seines Hand-

werks willen ... von fremden Königen,
Fürsten, Herren und Städten wohl möge
Dienstgeld erwerben, annehmen und empfan-
gen; daß er außerdem die Kunstwerke, so
er allhier bei uns machen wird, im Jahre
ein-, zwei- oder dreimal, doch jedesmal mit
unserer besonderen Erlaubnis und nicht ohne
unser Wissen, in Frankreich, England, Mailand und Niederland fremden Herren zu-
führen und verkaufen möge. Doch darf er
auf solchen Reisen nicht arglistigerweise im
Ausland bleiben, sondern soll seine Sachen
jederzeit förderlich ausrichten und sich darauf
ohne Verzug wieder anheim verfügen und
uns, wie oben steht, dienstbar sein." —
Holbein nahm dieses Anerbieten an und
gelobte und versprach, die Bedingungen desselben zu halten. Zweifellos war er damals
fest entschlossen, wieder seinen bleibenden
Aufenthaltsort in Basel zu nehmen, sobald
er in England ein genügendes Vermögen
erworben haben würde. Er soll die Absicht
ausgesprochen haben, die Rathausgemälde
und andere Bilder auf eigene Kosten neu
und besser zu malen, da ihm von seinen
Baseler Wandmalereien nur das Haus zum
Tanz „ein wenig gut" vorgekommen sei. —
Aber er kehrte nicht heim.

Im Dezember 1538 befand sich Holbein wieder am englischen Hofe. Es
wurde ihm eine besondere Belohnung ausbezahlt für die unbenannten Geschäfte des
Königs, um derentwillen er in die Gegend
von Hochburgund geschickt worden war.
Zum Beginn des nächsten Jahres über-
reichte er Heinrich VIII ein Bildnis des
kleinen Prinzen Eduard als Neujahrsge-
schenk; als Gegengabe erhielt er vom König
einen goldenen Becher mit Deckel. Eine
größere Freude konnte Holbein seinem Herrn
wohl nicht bereiten; denn Heinrich VIII,
dessen Hoffnungen auf einen Thronfolger so
oft getäuscht worden waren, war verliebt in
sein Söhnchen, in dessen Nähe zu kommen
er nur bevorzugten Personen gestattete. Ein
lebensgroßes Porträt in halber Figur, das
sich in der Gemäldegalerie zu Hannover befindet, könnte dem Alter des Kindes nach
wohl das genannte Bild sein. Der zwei-
jährige Prinz zeigt hier ein hübsches, rund-
liches Gesichtchen, auf dessen Stirn unter
dem Häubchen hervor dünne, blonde Haare
fallen, und seine dicken Händchen in der
prächtigen Hervorhebung durch Rot und

Abb. 135. Karl Brandon, Söhnchen des Herzogs von Suffolk. Miniaturbildchen von 1541. In der Bibliothek der Königin von England im Windsorschlosse. (Nach einer Photographie von Franz Hanfstängl in München.)

Gold; er trägt ein rotes Sammetkleid mit goldenen Schnüren und goldfarbigen Unter-ärmeln und über der Kinderhaube ein rotes Sammethütchen mit einer Straußenfeder (Abb. 130). — Eine allerliebste kleine Um-rißzeichnung in Form eines Medaillons, die das Kind in ganzer Figur, auf einem Kissen sitzend und mit einem Hündchen spielend zeigt, befindet sich unter den Blättern des früher erwähnten Skizzenbuchs zu Basel.

Im Juli 1539 wurde Holbein wieder „in gewissen Geschäften" des Königs auf Reisen geschickt. Der Plan der Vermäh-lung Heinrichs VIII mit der Nichte des Kaisers war gescheitert. Jetzt wurde dem Kaiser zum Trotz die Verbindung mit einer protestantischen deutschen Fürstentochter ins Auge gefaßt. Die Schwester des Herzogs von Cleve und Schwägerin des Kurfürsten von Sachsen, Anna, wurde dem Könige als eine wünschenswerte Partie angepriesen. Mit dem Auftrage, deren Bild zu malen, reiste Holbein nach Deutschland. Galanterweise schickte der König ihr sein eigenes Bildnis gleich mit durch den Maler; dies besagt eine aus den königlichen Haushaltungsbüchern ge-schöpfte Nachricht, daß Holbein beauftragt war, ein von ihm selbst hergestelltes und mit ansehnlichem Honorar bezahltes, aber weiter nicht benanntes Ding mitzunehmen. — Das Bildnis der neuen Königsbraut wurde Anfang August in einem Schlosse des clevischen Gebiets aufgenommen. Am 1. Sep-tember kam der Maler nach London zurück. — Wenn später die Fabel verbreitet wurde,

Holbein habe die Fürstin schöner gemalt, als sie in Wirklichkeit war, und habe dadurch den König veranlaßt, eine Ehe einzugehen, die ihm sehr bald leid wurde, so beweist das erhaltene Bildnis selber die Grundlosigkeit dieser Be-hauptung. Das Gemälde befindet sich im Louvre. Da sehen wir Anna von Cleve in halber Figur, steif geputzt, mit einer Menge von Schmuck, das rötlichweiße Ge-sicht von einer reichverzierten Haube einge-schlossen, in gerader Vorderansicht (Abb. 131). Man sieht, daß Holbein die Dame lang-weilig gefunden hat, und seine künstlerische Ehrlichkeit hat sie so langweilig wie mög-lich aufgefaßt. Keine Regung in der Ge-stalt, keine Regung in den Mienen. Wie unvergleichlich treffend ist der Ausdruck der blöden deutschen Jungfrau, die „nie vom Ellenbogen ihrer Mutter kam," wieder-gegeben! In einem Punkte steht Holbein höher als alle anderen großen Bildnismaler: im Erfassen des Charakters auch in den Händen, nicht bloß in Bezug auf die Form, sondern auch auf den Ausdruck. Man ver-gleiche nur die ineinander gelegten Hände der drei Königsbräute: die in Zurückhaltung ruhenden der Jane Seymour, die liebens-würdigen, kindlich tändelnden der Herzogin Christine und die geistlosen der clevischen Herzogstochter! Die Langeweile, die der Maler empfunden hat, spiegelt sich auch in der Farbe. Gegenständlich war ihm hier ja alles zur Erzielung einer herrlichen Far-benwirkung gegeben: blondes Fleisch, feines Weißzeug, roter Sammet, Goldstoff, Gold und Juwelen, — eine Farbenpracht, die er durch einen dunkelgrünen Hintergrund passend her-vorhob. Und dennoch hat er mit diesen Mitteln hier keinen solchen künstlerischen Reiz der Farbe erreicht, wie er ihn sonst zu entwickeln vermochte.

Daß Heinrich VIII seinem Maler den ihm von den Geschichtschreibern hinsichtlich dieses Bildnisses aufgebürdeten Vorwurf nicht machte, geht schon aus den Gnadenbezeugungen hervor, die er ihm gerade in der nächsten Zeit erwies. Holbein bekam im Jahre 1540 doppeltes Gehalt ausbezahlt. Daß er unter diesen Umständen darauf verzichtete, zur ver-abredeten Zeit nach Basel zurückzukehren, ist leicht zu begreifen.

Seinen Verstand in Bausachen, auf den man in Basel besonders rechnete, zu be-währen, fand Holbein auch in London Ge-

Abb. 137.   Simon George aus Cornwall.   Ölgemälde im Städelschen
Museum zu Frankfurt a. M.
(Nach einer Originalphotographie von Braun, Clément & Cie. in Dornach i. E.
und Paris.)

gelegenheit. Wenigstens gilt die zur Zeit der
Königin Anna von Cleve ausgeführte schmuck-
reiche Decke der Kapelle des St. James-
Palastes als ein Werk seiner Erfindung.

Die Königin Anna wurde verstoßen,
Cromwell, der mächtige, zielbewußte Lenker
des englischen Staatswesens, wurde ent-
hauptet, die katholische Katharina Howard
wurde zur Königin erhoben und ihr Oheim
Thomas Howard, Herzog von Norfolk, einst
ein Freund und Gesinnungsgenosse von
Thomas Morus, übernahm die Leitung der
Staatsgeschäfte: alles wechselte wieder einmal am englischen Hofe; aber Holbeins Gunst-
stellung blieb unverändert.

Von der Königin Katharina Howard
ist kein anderes Bildnis von Holbeins Hand

bekannt, als ein Miniaturbildchen — wie
er deren auch eines von Anna von Cleve
als Gegenstück zu einem ebensolchen des
Königs gemalt hatte —; das Bildchen befindet sich in der Bibliothek des Windsorschlosses (Abb. 132).

Ein großes Prachtbild, in der Gemäldesammlung des nämlichen Schlosses, führt
uns den Herzog von Norfolk auf der Höhe
seiner Macht vor Augen (Abb. 133). Der
Herzog war 66 Jahre alt, als er sich von
Holbein malen ließ. Er zeigt uns ein ha-
geres, verschlossenes Gesicht, glatt rasiert
nach der Mode der alten Zeit; über dem
breit umgelegten Hermelinpelz, mit dem
sein Mantel gefüttert ist, trägt er die goldene Kette des Hosenbandordens; in den

Abb. 138. Bildniß einer unbekannten Dame. In der fürstl. Gemäldeg.
Nach einer Photographie von J. Löwy in Wien.

Abb. 139. Sir Thomas Wyat. Zeichnung in schwarzer und farbiger
Kreide, im königl. Schloß zu Windsor.
(Nach einer Originalphotographie von Braun, Clément & Cie. in Dornach i. E.
und Paris.)

seinen, fleischlosen Händen hält er den weißen
Stab des Lordkämmerers und den goldenen
Stab des Großmarschalls von England.

Von 1541 ist das Miniaturporträt eines
dreijährigen Knaben, in der Bibliothek zu
Windsor (Abb. 135). Es stellt Charles
Brandon, den zweiten Sohn des Herzogs
von Suffolk, vor und bildet das Gegenstück
zu dem sechs Jahre früher gemalten Bild
von dessen Brüderchen Henry.

Die Jahreszahl 1541 ist auch auf zwei
Bildnissen von anscheinend nicht zu den Hof-
kreisen gehörigen Herren zu lesen, von denen
sich das eine, ein mit der ansprechendsten
Schlichtheit aufgefaßtes Brustbild eines

bärtigen Mannes (Abb. 134), im Museum
zu Berlin, das andere, die Halbfigur eines
jungen Mannes, der, mit einem Buche in
der Hand, hinter einem Tische sitzt und den
Beschauer anblickt (Abb. 136), im Wiener
Hofmuseum befindet.

Hier mögen zwei andere in deutschen
Sammlungen bewahrte Meisterwerke von
kleinem Format Erwähnung finden, die
Holbeins englischer Zeit angehören, die aber
keinen Anhalt zu näherer Zeitbestimmung
bieten: das Porträt einer hübschen jungen
Frau — Brustbild mit Händen — im
Wiener Hofmuseum (Abb. 138), und das
liebenswürdig aufgefaßte und mit köstlicher

der englischen Geschichte eine Rolle gespielt haben —, fast ebenso sprechend und lebensvoll vor Augen, wie in ausgeführten Gemälden. Ja, es liegt in dieser ersten Niederschrift von Künstlerhand, die das Wesentliche schnell erfassend, gleich alles vermerkte, was im Gemälde ausgedrückt werden sollte, ein ganz besonderer Reiz. Daß mit so Wenigem so Vollkommenes gegeben wird, ist das Wunderbare an diesen Zeichnungen, die, ohne etwas an und für sich Fertiges sein zu wollen, doch ganze fertige Kunstwerke sind (Abb. 139—144).

In der nämlichen Sammlung befindet

sich ein einzigartiges Werk Holbeins, eine figurenreiche Komposition in Miniaturausführung; getuschte Silberstiftzeichnung, mit Gold und einigen wenigen Farben reizvoll belebt. Der Gegenstand der Darstellung ist der Besuch der Königin von Saba bei König Salomo. Bemerkenswert ist die reife Schönheit der Renaissancearchitektur auf diesem Blatt, die von Holbeins jugendlichen Architekturphantasien weit verschieden ist (Abb. 145).

Im Jahre 1542 erschien eine Holzzeichnung Holbeins, die vielleicht das letzte war, was er für den Buchdruck machte. Es

Abb. 142. Elisabeth, Gemahlin von Sir Henry Parker. Zeichnung in schwarzer und farbiger Kreide.
In der Bibliothek des königl. Schlosses zu Windsor.
Nach einer Photographie von Franz Hanfstängl in München.

Abb. 140. Die Herzogin von Suffolk. Zeichnung in schwarzer und
farbiger Kreide, im königl. Schloß zu Windsor.

Feinheit gemalte Profilbild eines Herrn Simon George aus Cornwall im Städelschen Museum zu Frankfurt (Abb. 137).

Die Zahl der Porträts ohne Jahresangabe ist größer als die Zahl der datierten. Seine Namensunterschrift hat Holbein nur ausnahmsweise auf die Bilder gesetzt. Er hatte, wie Michelangelo, das Selbstbewußtsein, daß seine Gemälde die Beglaubigung seiner Urheberschaft in sich selbst trügen. Daher ist es wohl erklärlich, daß gar manches Bild später auf seinen Namen getauft worden ist, das mit seiner Kunst nichts gemein hat. Wie viele von Holbein in England gemalte Bildnisse noch vorhanden sind, ist wohl überhaupt noch nicht festgestellt.

Sie sind zu einem großen Teil in englischem Privatbesitz zerstreut. — Wenn es nirgend wo Gelegenheit gibt, eine größere Anzahl Holbeinscher Bildnisgemälde nebeneinan der zu sehen, so findet sich dafür ein ganzer Schatz von seinen herrlichen Bildniszeichnungen in der Bibliothek der Königin von England im Windsorschlosse vereinigt. Diese in ihrer Art ganz einzige, unschätzbare Sammlung enthält über achtzig Blätter, lauter Meisterwerke. In diesen Aufnahmen nach dem Leben, die bald in we nig mehr als Umrissen alles Notwendige zu sagen wissen, bald ganz materiell ausgearbeitet sind, treten uns die Persönlichkeiten, unbenannte und benannte — viele, die in

Abb. 143. Reskymeer, ein Edelmann aus Cornwall. Zeichnung in schwarzer und farbiger Kreide. Im königl. Schloß zu Windsor.

ist ein Bildnis in Medaillenform von Sir Thomas Wyat und schmückt die Rückseite des Titels einer Schrift, die als „Nänia" (Totenklage) das Andenken dieses im Jahre 1541 im blühendsten Alter ge- storbenen Lieblings des Königs feiert. Mit der denkbar größten Einfachheit des Striches, der auch die minder geübte Hand eines englischen Formschneiders folgen konnte, hat Holbein hier ein sprechendes Porträt ge- zeichnet.

Im Jahre 1542 muß Holbein wieder ein Bild des Prinzen von Wales gemalt haben. Zwar ist über das Gemälde selbst nichts bekannt, aber unter den Zeichnungen im Windsorschloß ist eine, die das Kind in dem dieser Zeit entsprechenden Alter zeigt (Abb. 146). Ein mit der Jahreszahl 1542 bezeichnetes Werk besitzt die Gemäldegalerie im Haag in dem trefflichen kleinen Porträt eines jungen Mannes, der einen Falken auf des Faust hält. Ein Selbstbildnis Holbeins aus

Abb. 111. Lady Vaux.
Zeichnung in schwarzer und farbiger Kreide. Im königl. Schloß zu Windsor.

diesem Jahre wird als im Privatbesitz vorhanden erwähnt.

Im folgenden Jahre fand Holbein die Muße, zweimal sich selbst zu malen, das eine Mal in Miniatur, das andere Mal in halber Lebensgröße. Diese Bilder sind beide verschollen. Aber von dem einen derselben gewähren uns zwei Kupferstichnachbildungen aus dem XVII. Jahrhundert, eine von Vorstermann (Abb. 149), die andere von Wenzel Hollar — der auch sonst viele von Holbeins englischen Arbeiten gestochen hat. — eine Anschauung. Der fünfundvierzig-

jährige Meister sieht hier sehr ernst aus. Der allgemeinen Sitte folgend hat er sich nach König Heinrichs Vorbild einen Vollbart wachsen lassen. — Das in der Sammlung von Malerbildnissen im Uffizienpalast zu Florenz hängende Selbstbildnis Holbeins kann kaum noch als solches bezeichnet werden. Dasselbe ist zwar ursprünglich eine Zeichnung Holbeins, anscheinend zu dem in jenen Kupferstichen wiedergegebenen Gemälde; aber die Zeichnung ist durch Übermalung verunstaltet und unähnlich gemacht worden.

Ein schönes Brustbild eines langbärtigen

Abb. 115. Die Königin von Saba vor Salomo. Miniaturartige Tuschzeichnung mit Farben und Gold.
In der Bibliothek der Königin von England im Windsorschloß.
(Nach einer Originalphotographie von Braun, Clément & Cie. in Dornach i. E. und Paris.)

Edward Prince of Wales.

Abb. 146. Eduard, Prinz von Wales. Zeichnung in schwarzer und farbiger Kreide, in der königl.
Bibliothek im Schlosse zu Windsor.
Nach einer Photographie von Franz Hanfstängl in München.

Herren im Pelz, mit Namen Melchior Maag, das sich in der Sammlung des Herrn Huybrechts zu Antwerpen befindet, trägt ebenfalls die Jahresbezeichnung 1543 (Abb. 147).

In dieser Zeit arbeitete Holbein an einem großen figurenreichen Gemälde, das er wohl nur nach und nach fertig machen konnte. Es war ein Porträtstück, das zugleich einen geschichtlichen Vorgang verbildlichte. Die vereinigte Chirurgen- und Barbiergilde zu London ließ dasselbe malen zur Erinnerung an die Gewährung ihrer Zunftrechte durch den König. Die Vertreter der Gilde, achtzehn an der Zahl, wurden dargestellt, wie sie vor dem Throne Heinrichs VIII knieen, um aus dessen

Abb. 147. Melchior Maag. Gemälde von 1543. In der Sammlung Huybrechts zu Antwerpen.

Hand ihren Freibrief in Empfang zu nehmen. Einzelne der Vorstandsmitglieder malte Holbein nebenher auch in besonderen Bildnissen. So den achtundachtzigjährigen Dr. John Chambers, der zu den Leibärzten des Königs gehörte. Das schöne Bild des würdevollen Greises befindet sich jetzt in der kaiserlichen Gemäldegalerie zu Wien (Abb. 148). Das große Genossenschaftsbild hat sich auch erhalten; es hängt noch im Zunfthaus der Londoner Barbiere. Aber es zeigt, abgesehen von der Entstellung durch spätere Übermalungen, daß

es auch ursprünglich nur zum Teil von Holbein gemalt worden ist. Es war dem Meister nicht beschieden, dieses Werk fertig zu sehen.

Mitten in der reichsten Schaffensthätigkeit starb Hans Holbein in der Blüte der Jahre und fern von der Heimat im Herbst 1543, wahrscheinlich als ein Opfer der Pest, welche in diesem Jahre in London wütete.

Vom 7. Oktober ist sein Testament datiert. Von seiner Familie in Basel ist darin keine

Abb. 118. John Chambers, Leibarzt König Heinrich VIII. Aus dem Louvre, gemalt

Rede. Für diese hatte er augenscheinlich
schon vorgesorgt; die Familie lebte auch nach
seinem Tode in guten Verhältnissen. Die
letztwillige Verfügung bezieht sich nur auf
die Ordnung seiner Londoner Verhältnisse.
Sein Pferd und seine sonstige Habe sollte
verkauft werden zur Deckung der Guthaben
einiger Freunde.

Am 29. November gab der Goldschmied
Johannes von Antwerpen, einer der Zeugen,
die Vollstreckung des Testamentes ab.

König Heinrich VIII erhielt ein Werk
von der Hand seines Künstlers noch nach
dessen Tode. Zu Neujahr 1544 wurde ihm
von einem seiner Kämmerer ein Entwurf
Holbeins zu einer Wanduhr verehrt, eine jetzt
im Britischen Museum befindliche große Zeichnung von prächtig geschmackvoller Erfindung.

Abb. 149. Holbeins Selbstbildnis aus seinem
letzten Lebensjahre.
Nach Vorstermanns Stich des verschollenen Originals.